計劃一下
享受一個輕巧自在的
悠哉小旅行

ことりっぷ co-Trip 小伴旅

讓我陪你去旅行
一起遊玩好EASY～

走♪我們出發吧

抵達四國後…

1就是想看這幅風景啊（四萬十川P.100） 2到太平洋賞鯨（高知縣P.102） 3說到四國就讓人聯想到八十八札所，到處都能發現遍路者的身影（照片為靈山寺P.148） 4是公眾浴場也是重要文化財（道後溫泉本館P.58） 5古民家櫛比鱗次的本村地區（直島P.32） 6可俯瞰瀨戶內海的山丘上有座希臘風白色風車（小豆島P.30） 7這兒的動物看起來也很溫馴（四國喀斯特P.68）

終於到四國了。

要去哪裡呢？

大自然、溫泉、美食，
集所有歡樂於一身的四國。
著名的祭典也很值得一看。

可巡訪瀨戶內群島的香川縣、日本三古湯的道後溫泉所在地的愛媛縣、擁抱大自然美景的高知縣、以阿波舞祭聞名的德島縣。四種特色齊聚的四國，每個目的地都擁有吸引人的景致。舉例來說像下面這些景點大家有興趣嗎？

在愛媛縣立砥部動物園（P.66）能從動物們身上得到療癒

搭渡輪到瀨戶內海的諸島嶼（P.30）小旅行

check list

- □ 若想悠閒自在就選小豆島 P.30
- □ 不可錯過現代藝術之島的直島 P.32
- □ 造訪名湯、前往道後溫泉本館 P.58
- □ 北極熊PEACE @愛媛縣立砥部動物園 P.66
- □ 想造訪一次看看的馬路村 P.98
- □ 到秘境之地的祖谷觀光 P.132

到德島的秘境大步危・小步危（P.133）搭船順流而下

要做什麼呢？

遊覽四萬十川、欣賞藝術，
也別忘了有歷史淵源的景點。

大自然環繞的四國。都專程來了，若不前往大海、山、川遊覽豈不浪費。賞鯨或山谷秘境行程等，本書為大家準備了吸引力十足的旅遊計畫。在充滿歷史韻味、懷舊風情的街區散步，或是造訪四國特有的美術館沉浸藝術之美，都是不錯的選擇。

邊欣賞美麗大自然邊沿著石階上到金刀比羅宮（P.26）

到大塚國際美術館（P.138）享受藝術三昧，光想像就讓人期待不已

check list

- □ 到金刀比羅宮幸福參拜 P.26
- □ 美味＆美麗的栗林公園 P.28
- □ 慢遊四國喀斯特＆滑床溪谷 P.68
- □ 四萬十川的水上散步要選擇搭獨木舟？還是遊覽船？P.100
- □ 憧憬的賞鯨之旅 P.102
- □ 在大塚國際美術館欣賞世界名作 P.138

抵達四國後…

1就是想品嘗這個味道才專程來發源地的讚岐（谷川米穀店P.21）
2到內子購買工匠純手工製作的珍品（大森和蝋燭屋P.70）3尋找自己最中意喜歡的器皿（東窯P.65）
4仔細浸染製成的阿波藍（古庄染工場P.137）　5放在爐上大火燒烤的炙燒鰹魚（高知縣P.96）

要吃點什麼呢？

海鮮、河魚、山產。
在美食王國的四國，
到處吃吃喝喝盡享美味吧。

豪邁的厚片鰹魚、肉質軟嫩入口即化的伊予麥酒牛，以及話題的讚岐烏龍麵。擁有大海和山川恩賜的四國，能品嘗眾多善用食材本身風味的料理。在發源地特有的氣氛相乘下，美味的程度也隨之倍增。

表皮焦香、魚肉油脂豐富，高知的炙燒鰹魚（P.96）真是人間美味

check list

- ☐ 多品嘗幾家讚岐龍麵 P.18
- ☐ 瀨戶內的海鮮好吃到無法自拔 P.42
- ☐ 風味獨特的今治烤雞 P.76
- ☐ 品嘗鮮美的鰹魚 P.96
- ☐ 傳說中的當地美味麵「德島拉麵」P.128
- ☐ 在漩渦下孕育出肉質紮實的鳴門鯛 P.141

這是今治流的烤雞皮（P.76），鹹甜的醬汁是味道關鍵

要買些什麼呢？

簡單的器皿、可愛的雜貨，
各縣獨特個性的伴手禮齊聚一堂。
優雅口感的甜點也絕不可錯過。

從工匠的手作珍品到平常使用的器皿，傳遞出創作著溫度的商品羅列。和菓子、雜貨和工藝品等，自用、送禮都很適合的品項豐富。最近廣受注目的今治毛巾也是目標之一。

吸收滿滿瀨戶內海陽光的橄欖油（P.31）風味獨特

淡淡的甜味、入口後瞬間化開的和三盆糖（P.142）

check list

- ☐ Made in小豆島的橄欖製品 P.45
- ☐ 尋找日常可使用的砥部燒 P.64
- ☐ 師傅大展手藝的內子手工製品 P.70
- ☐ 柔軟、舒適的今治毛巾 P.74
- ☐ 馬路村出產、栽種的柚子商品 P.98 · 114
- ☐ 粉雪般入口即化的和三盆糖 P.142

小小的旅行
建議書

到四國玩3天2夜

被海、山、河川等大自然環繞的島，就是四國。
在一片日本的原風景中，最適合悠閒步調的慢旅。
追求只屬於自己的感動體驗，來趟3天2夜的小旅行吧！

第1天

坂出IC
↓
到がもううどん吃
早餐烏龍麵
↓
前往金刀比羅宮
幸福參拜
↓
讚岐烏龍麵名店
巡禮
↓
下榻和の宿ホテル
祖谷溫泉

坂出IC進入四國。
四國內的移動以開車最方便。

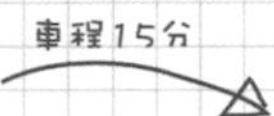

車程15分

首先吃碗早餐烏龍麵填飽肚子

9:30

前往早上8:30即開店營業的**がもううどん**（P.20），發源地的味道吃來特別美味。

車程
約1小時

11:00

拾階梯而上參拜**金刀比羅宮**（P.27）。若走累了，可到途中的甜點店小歇片刻。

車程約15分

都專程來了，就多品嘗幾家讚岐烏龍麵吧。

14:00

到**山內うどん**（P.21）或**小縣家**（P.21）享受名店的風味。

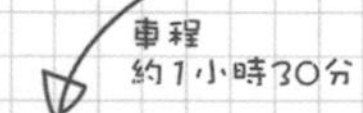

車程
約1小時30分

17:30

今晚下榻德島**和の宿ホテル祖谷溫泉**（P.134），享受一下暖呼呼的祖谷秘湯。

第2天

祖谷的葛橋
↓
午餐享用祖谷蕎麥麵
↓
購買土佐鍛造刀具
↓
桂濱散步
↓
到魚の店 つづき吃晚餐
↓
投宿7 days Hotel plus

第2天以名物料理和絕景為目標 從德島出發前往高知

9:00
走在搖搖晃晃的**祖谷的葛橋**（P.132）上刺激萬分。

提早吃的午餐一定是祖谷蕎麥麵（清流のそば処 祖谷美人のししそば 1400日圓）（P.132）

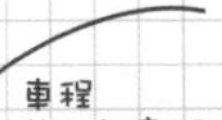

14:00
前往銷售土佐鍛造刀具歷史悠久的**穗岐山刃物**（P.115）。

發現超可愛的鯨魚模樣小刀！

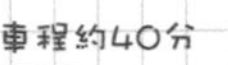

16:00
到**桂濱**（P.116）隨意逛逛，周邊也有很多伴手禮店。

高知縣立坂本龍馬記念館（P.116）也在桂濱。

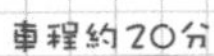

19:00
晚餐當然首選鰹魚!!
到**魚の店 つづき**（P.97）享用道地風味。

開車即到

21:00
投宿7 days Hotel plus（P.118）。
晚安囉！

行程安排的秘訣

前往祖谷地區的沿路上都是蜿蜒小徑，所以請小心駕駛。桂濱是知名的夕陽景點，若於日落時分前往則可享受加倍的樂趣。

第3天
（其①）

參觀高知縣立牧野植物園
↓
購買砥部燒
↓
前往道後溫泉本館泡湯
↓
松山IC

以高知的植物園當作第3天的第一站

9:00

嶄新的建築物讓人印象深刻的**高知縣立牧野植物園**（P.109）。在綠意環繞下，身心都舒暢了起來。

牧野原創紅茶＆百合羊羹組合（1250日圓）
※花園商店內有售

車程約2小時

這個想買、那個也想買

15:00

前往**砥部燒**（P.64）的故鄉「砥部町」，從各式各樣的作品中物色自用的器皿。

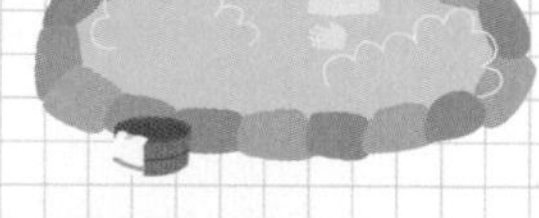

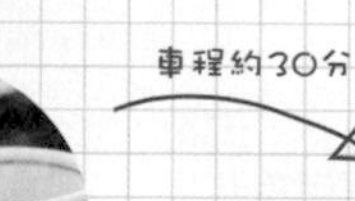

車程約30分

在日本最古老的溫泉
享受暖呼呼、悠悠然的時光

17:00

逛累了可到**道後溫泉本館**（P.58），泡湯後的美食也很令人期待。

行程安排的秘訣

依照旅遊的步調決定要造訪的場所。建議以一日1縣的步調，享受悠閒的旅程。

也別忘了**愛媛伴手禮**（P.78）呦～♪

車程約20分

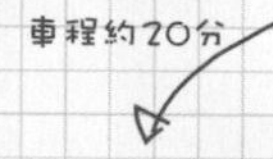

從松山IC踏上歸程

第3天
（其②）

Whale Watching
in桂濱
↓
週日市集閒逛
↓
到弘人市場採購
↓
高知IC

以體驗＆購物
創造完美的四國回憶

鯨魚就出現在眼前呢！！

照片提供:大方遊漁船主會

8:00

憧憬的**賞鯨行程**（P.102）出發囉！這次是搭乘從桂濱出航的賞鯨船。

車程約30分

只有週日才有的樂趣

13:00

輕鬆閒逛**週日市集**（P.92）。炸地瓜、饅頭、霜淇淋等，邊走邊吃也很開心。

行程安排的秘訣

若要造訪高知，最好排在週日並前往週日市集逛逛。搭賞鯨船前記得請先服用預防頭暈的藥物。

15:00

到**弘人市場**（P.116）採購高知特產品。地板上隨處都有貓咪的腳印，請仔細找找看。

步行即到

車程約15分

從高知IC踏上回程

連續3年被青春18車票作為宣傳海報的JR予讚線下灘站

雲上的另類天地「四國喀斯特」（P.68）

四萬十川（P.100）讓人懷念的風景

在山谷蜿蜒長達196km的四萬十川、
綠色台地搭配白色石灰岩風貌的四國喀斯特。
悠然走在鄉間小路上的遍路者、
享受日光浴的貓咪和鄉下的港町等。
雖然是第一次來訪，卻有種熟悉的感覺。
日本的原風景，在這兒依舊還能看到。
越過大海、越過河川、越過山巒，
歡迎來到四種特色齊聚的四國。

擁有太陽恩賜的小豆島（P.30）橄欖碳酸飲料

投入硬幣後即可進入小馬牧場（P.68）

走在金黃秋色鄉間小路上的遍路者（P.148）

ことりっぷ co-Trip 小伴旅 四國

CONTENTS

香川

日本面積最小的縣，
卻擁有眾多景點的香川縣。
以「金毘羅神」為代表象徵的琴平、
四季都很漂亮的大名庭園栗林公園。
還有度假島嶼小豆島、
現代藝術齊聚一堂的直島等，
充滿個性的瀨戶內海諸島嶼也極具魅力。
人氣擴及全國的讚岐烏龍麵，
美味、便宜以及獨特的品嘗方式，
正是當地才能享受到的樂趣。

大略地介紹一下
香川的基本資訊＆交通

香川是日本面積最小的縣，面瀨戶內海、自然綠意豐沛。擁有信仰重地金刀比羅宮和現代藝術之島──直島等多樣景點，著名的讚岐烏龍麵更是不可錯過的美味。

在高松站做好旅遊準備

首先找到觀光服務處
☞高松市Information Plaza

位於JR高松站前廣場的觀光服務處。除了有高松市內及周邊的觀光資訊介紹外，並設有特產品展示區。

☎087-851-2009
⏲9:00～18:00 休 無休 MAP 17B-1

將過重的行李
先寄放在投幣式置物櫃

除了從JR高松站改札口出來後左手邊的候車室旁，車站內總共有3處置物櫃區。依大、中、小的費用分別為300日圓、400日圓、600日圓。

☐巡訪讚岐烏龍麵店
☐參拜幸福的金刀比羅宮
☐到直島欣賞現代藝術
☐漫步栗林公園
☐在小豆島體驗慢活

etc…

香川縣內交通工具的活用術

在高松市周邊的話
1日周遊券最方便

西起琴平東到志度，行駛縣內主要都市的琴電，就是高松琴平電鐵。主要的車站都可以買到全線自由上下車的「1日周遊券」（1230日圓）、可以搭配JR指定車站使用的「ことでんJRくるり～んきっぷ」（1960日圓）等票券。

栗林公園和
金刀比羅宮可搭電車前往

要到栗林公園、金刀比羅宮搭電車較方便。栗林公園離栗林公園站只需步行10分，從JR琴平站或琴電琴平站走到金刀比羅宮的石階入口10分以內即到。邊走邊逛也很有樂趣。

前往小島的玄關口
高松港

要到小豆島、直島等漂浮在瀨戶內海上的五座島從高松港出發可於1小時內抵達。港口周邊有北浜alley（P.46），推薦可利用候船時間前往逛逛。

從高松前往各主要觀光景點的交通方式表

目的地	交通工具	出發地	抵達地	所需時間	費用（單程）
栗林公園	琴電巴士	高松站	栗林公園前	15分	230日圓
金刀比羅宮	琴電	高松築港站	琴電琴平站	1小時	610日圓
小豆島	小豆島急行渡輪	高松港	土庄港	1小時	690日圓
直島	四國汽船渡輪	高松港	宮浦港	50分	510日圓

受到世界矚目的
現代藝術之島
直島
なおしま
P.32
有安藤忠雄設計的地中美術館以及將古民家等建築物藝術化的家計畫等多彩多姿的景點。
草間彌生「紅色南瓜」
2006年直島・宮浦港綠地（Photo／青地大輔）
還保留門前町的風情
信仰與觀光之地
琴平
ことひら
P.26
金刀比羅宮、舊金毘羅大劇場（金丸座）等名勝和舊跡、伴手禮店聚集。
瀬戸内海的
度假小島
小豆島
しょうどしま
P.30
以栽種橄欖和『二十四之瞳』的舞台而聞名，是一座有著慢活步調的小島。
新舊交錯的
四國玄關口
高松
たかまつ
P.28
除了栗林公園和屋島外，還有整修完善的高松港周邊等，可感受新舊風情交織的樂趣。
貝尼斯之家美術館 P.32・48
地中美術館 P.32
豐島美術館 P.36
道の駅 小豆島オリーブ公園 P.31
寒霞溪 P.47
岬之分校 P.47
二十四之瞳電影村 P.30
丸金醤油記念館 P.30
香川縣立東山魁夷瀬戸内美術館 P.39
玉藻公園 P.46
北浜alley P.46
四國民家博物館「四國村」 P.46
丸亀市猪熊弦一郎現代美術館 P.39
栗林公園 P.28
讃州井筒屋敷 P.47
金刀比羅宮 P.27
舊金毘羅大劇場（金丸座） P.26
琴彈公園 P.47

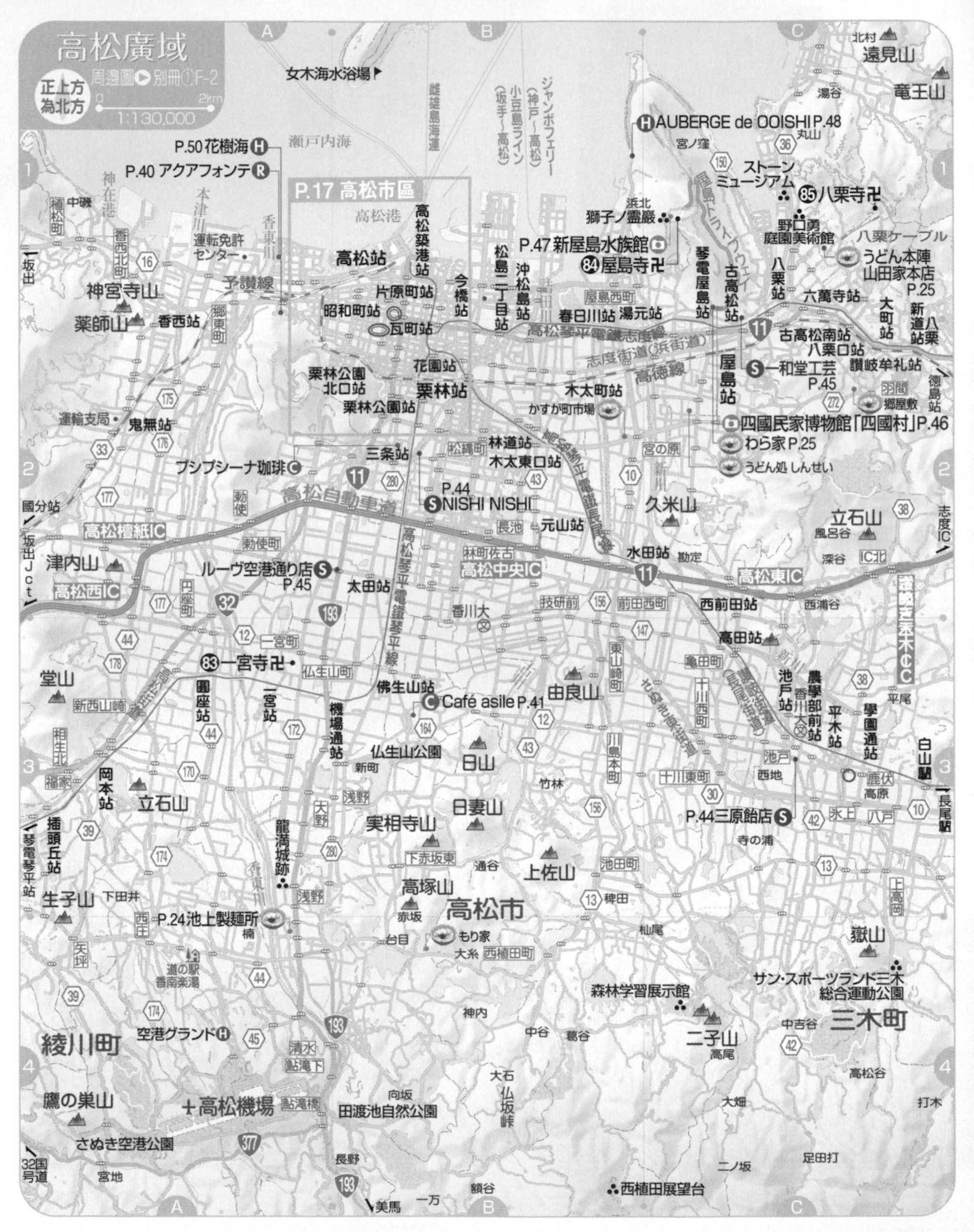

高松廣域
正上方為北方
周邊圖▶別冊①F-2
1:130,000
女木海水浴場
瀨戶內海
P.50 花樹海
P.40 アクアフォンテ
P.17 高松市區
高松港
高松站
高松築港站
片原町站
昭和町站
瓦町站
栗林公園北口站
栗林公園站
花園站
栗林站
今橋站
松島二丁目站
沖松島站
春日川站
湯元站
屋島西町
高松琴平電鐵志度線
志度街道(浜街道)
高德線
木太町站
かすが町市場
HAUBERGE de OOISHI P.48
宮ノ窪
ストーン ミュージアム
85 八栗寺
浜北
獅子ノ霊巌
P.47 新屋島水族館
84 屋島寺
琴電屋島站
古高松站
八栗站
六萬寺站
大町站
八栗新道站
野口勇庭園美術館
八栗ケーブル
うどん本陣 山田家本店 P.25
古高松南站
八栗口站
讃岐牟礼站
一和堂工芸 P.45
屋島站
四國民家博物館「四國村」P.46
わら家 P.25
うどん処 しんせい
郷屋敷
北村
遠見山
竜王山
湯谷
丸山
神在港
植松町
中磯
本津川
香東川
運転免許センター
香西北町
予讃線
神宮寺山
薬師山
香西站
郷東町
坂出
運輸支局
鬼無站
國分站
ブシブシーナ珈琲
三条站
松縄町
林道站
木太東口站
宮の原
P.44 NISHI NISHI
高松自動車道
勅使
高松檀紙IC
勅使町
長池
元山站
水田站
勘定
久米山
立石山
風呂谷
深谷
志度IC
津内山
坂出Jct
高松西IC
ルーヴ空港通り店 P.45
太田站
林町佐古
高松中央IC
高松東IC
円座町
香川大
技研前
前田西町
西前田站
西浦谷
高田站
一宮町
83 一宮寺
仏生山町
佛生山站
Café asile P.41
由良山
東山崎町
亀田町
十川西町
堂山
新西山崎
圓座站
一宮站
機場通站
仏生山公園
日山
新町
川島本町
池戸站
農學部前站
平木站
學園通站
白山
さぬき三木IC
平尾
相生北
福家
岡本站
立石山
浅野
大野
竹林
十川東町
池戸
西地
鹿伏
高原
長尾
琴電琴平站
揷頭丘站
龍満城跡
実相寺山
日妻山
P.44 三原飴店
氷上
八戸
寺の浦
下赤坂東
通谷
上佐山
池田町
生子山
下田井
香東川
高塚山
高松市
稗田
上高岡
西庄
P.24 池上製麵所
赤坂
もり家
柏尾
矢坪
台目
大糸
西植田町
嶽山
道の駅 香南楽湯
サン・スポーツランド三木 総合運動公園
森林学習展示館
神内
中谷
葛谷
中吉谷
三木町
二子山
高尾
空港グランド
綾川町
清水
鮎滝下
大石
仏坂峠
高松谷
向坂
鷹の巣山
高松機場
鮎滝橋
田渡池自然公園
大畑
打木
さぬき空港公園
32国号道
長野
二ノ坂
足田打
宮地
西植田展望台
美馬
一万
額谷
雄雄島海運
ジャンボフェリー(神戸~高松)
小豆島ライン(坂手~高松)
屋島ドライブウェイ
高松琴平電鐵琴平線
高松琴平電鐵長尾線
讃岐街道(長尾街道)

高松市區
正上方為北方
周邊圖▶P.16
0 300m
1:25,000
高松港
ハーバープロムナード
サンポート
渡輪搭乘處
P.46 高松地標塔
サンポート高松
JR高松克雷緬特飯店 P.50
浜ノ町
港灣旅客大樓
史跡高松城跡「玉藻公園」P.46
丸幸
瀬戸内製氷
高松マリーナ
浜ノ町
健康センター
合同庁舎
客船乗り場
瀬戸内町
中央批發市場
P.14 高松市Information Plaza
路線巴士總站
西門
アルファあなぶきホール
umie P.41
北浜alley P.46
いただきさんの海鮮食堂 P.43
大的場
シーサイドボウル
高松站
高松築港站
玉藻町
北浜町
高松漁港
高松站高速巴士總站
西の丸町
WC
香川縣立博物館
北浜alley N.Y.GALLERY P.46
谷川新摺鉢橋
中央市卸場
東門
本町
花き棟 香西站
瀬戸内町
P.46 高松丸龜町商店街
北署
四国電力
年金事務所
法務局
高松市
P.43 寄鳥味鳥
丸の内
東宝イン
NHK
東横イン
P.45 三越 三友堂
城東町
マルナカ
予讃線
扇町
新番丁小
片原町站
オークラ
西宝町1
P.50 麗嘉澤斯特高松飯店
片原町
県立高
扇町
エディオン
パティスリー ミクニ
通町
水道橋
昭和町
P.40 讚州の恵み やさしい食卓
高松市立図書館
市美術館
丸亀町
香川大
高松工芸高
高松市役所
まちのシューレ963 P.41
末広町
高松琴平電鐵琴平線
琴電屋島站
高松琴電志度線
昭和町站
歴史資料館
菊池寛紀念館
昭和町
番町
番町
末広町
KSB
番町1
ダイワロイネット
築地町
今橋站
幸町
高松高
WC
紫雲町
市役所
中央公園
11
中本町通り
南新町
塩屋町
松島町
県教育会館
33
紫雲中
宮脇町1
赤十字病院
塩屋町
JA
高徳線
P.25 さか枝
県警本部
香川県庁
瓦町
八坂町
図書館 体育館
本門寿院
紫雲中前
マルナカ
北署
香川大高松小
年金事務所
瓦町站
西宝町
亀阜小
病院前
天神前
ときわ茶寮
合同庁舎
高松商高
八幡宮
竹清 P.24
中新町
うどん棒本店
160
塩上町
市民病院
市民病院
173
ハナテン
43
宮脇町1
英明高
田町
東横イン
黒田商店 P.44
観光通
多賀町
稲荷神社
NTT
栗林公園北口站
国民宿舎栗林山荘
北大塚
中野町
四国新聞社
まいまい亭 P.42
花園町
林道站
摺鉢谷
宮脇町
ル・ポール讃岐
象屋元蔵 P.46
花園小
花園站
サンシャイン
栗林站
鏡塚
稲荷山
公園北門
栗林公園館
パークサイド
石清尾山古墳群
百十四
屋島站
石船積石塚
紫雲公園
公園前
平和病院
栗林小
讃岐民芸館
WC
栗林トンネル
栗林公園
公園前
保健所
ヴェスタ
香川
楠川神社
変電所
紫雲山
P.29 花園亭
160
43
峰山町
172
室新町
P.29 掬月亭
栗林町
稲荷山姫塚
WC
163
P.29 吹上亭
280
高松一高
香川
姫塚
川東高松線
栗林公園站
桜町
熊野神社
観興寺
室町
大手前高松高·中
香川
花ノ宮町
ガスト
桜町中
室山
室北口
公園南
御坊川
今里中央公園
ハローズ
ハローワーク
室町
採石場
願聖寺
奥の池
室新
上天神町
今里町
今里町
出雲大社
三条站
A
B
C
1
2
3
4

麵條的彈牙口感、清爽的高湯讓人著迷 We Love♥讚岐烏龍麵

Q彈的麵條、小魚乾高湯的樸實風味、出乎意外的店家風格，所有的一切造就了美味的讚岐烏龍麵。以下介紹在當地品嘗的小知識，以及精心挑選的15家麵店。

還有搭配烏龍麵一起享用的熱騰騰天麩羅♪

老練地以大鍋烹煮麵條

剛煮好的麵條帶點黃色並充滿光澤

大排長龍的人、人、人。已成了讚岐的著名風景

巡訪烏龍麵店的秘訣

以店家氣氛、味道多樣組合搭配，盡情享受雙倍程度的美味。女性一天平均可吃上3、4碗。

首先是基本的講座

在烏龍麵發源地的讚岐，有些做法會讓第一次造訪的人感到吃驚。
為了不讓大家在店門口不知所措的「基本ABC」如下。

A 店家的種類大致分為3種

一般店
與普通餐廳一樣的點餐方式。

自助式店家
加熱麵、加高湯等能做的都要自己做。

製麵所
在製麵工廠的一個角落用餐，也多採自助式服務。

B 道地讚岐的基本口味

かけ
倒入熱醬汁的簡單口味烏龍湯麵。

ぶっかけ
倒入濃味醬汁的烏龍湯麵，豐富的配料也很有魅力

醬油
在麵上淋上醬油醬汁或生醬油的吃法，可享受麵條的嚼勁。

釜揚げ
將浸在鍋中的麵條夾起沾醬汁食用。

釜卵
釜揚烏龍麵中打顆生雞蛋食用，是生雞蛋拌飯的烏龍麵版。

C 移動的方式

租車

JR高松站周邊有許多租車公司，有的還附已輸入當地烏龍麵店的衛星導航。

價格範例…¥普通車（1300cc）12小時8100日圓（含任意保險費）☎087-851-6543（Budget租車四國 高松站前店）

讚岐烏龍麵計程車

由烏龍麵達人的司機負責介紹烏龍麵店，有的司機還會介紹電影『UDON』中的小故事和拍攝場景。目前有23家左右的計程車公司加入行列。

價格範例…¥中型車1小時4500日圓（烏龍麵餐費另計）☎0087-821-8513（香川縣計程車協同組合）

再複習一下自助式服務的順序

1. 告知份量
告知麵的份量，取回已放入烏龍麵的大碗。

2. 選擇配料
可挑選自己喜歡的天麩羅或關東煮。

3.結帳
請事先備妥零錢較節省時間。

4.享用
將調味料或高湯倒入碗中即可開動。

5.收拾碗盤
吃完後將碗盤放回指定的場所。

P.18的烏龍麵照片是取材自綾川町的たむらうどん（MAP附錄②E-4）。詳細資訊請洽（☎087-876-0922）。

烏龍麵×發源地的魅力 上門光顧雙倍美味的超知名店 Part①

超乎想像的美味當然不消多說。
品嘗味道之餘，更要感受讚岐烏龍麵的樂趣。
一定能發現各式各樣來自烏龍麵的驚喜。

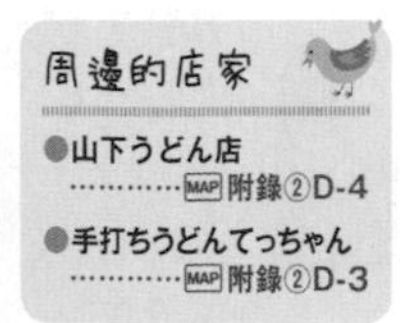

↑菜單只有溫熱·冷烏龍湯麵
→店內有8個座位，但幾乎所有的客人都選擇在外面享用。有的常客還會站著吃

先付款 がもううどん ‖坂出市‖

坐在店外的椅子上，於晴空下享用烏龍麵正是這兒的醍醐味。不需拘泥禮節，可豪爽地大吃特吃。邊感受陽光和微風，邊品嘗嚼勁適中的麵條入喉後的滑溜感。

周邊的店家

- 山下うどん店 ……MAP 附錄②D-4
- 手打ちうどんてっちゃん ……MAP 附錄②D-3

☎0877-48-0409 ⌂坂出市加茂町420-1 ⓛ8:30～14:00（週六、假日～13:00）售完即打烊 休 週日、第3·4週一 P 有
JR鴨川站步行15分 MAP 附錄②D-3

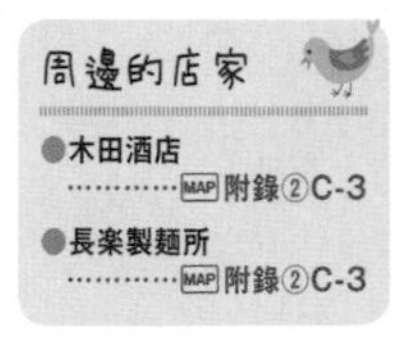

↑配料均為50日圓（僅花枝鬚100日圓）
→連平日也是大排長龍的景象。最多曾經有400人排隊等候

後付款 伴手禮 日の出製麺所 ‖坂出市‖ ひのでせいめんしょ

於有批發用麵條的製麵所內，一到午餐時間即排列著桌椅的夢幻名店。現做的麵條加上完美比例的鹽調味，麵粉的香氣讓人食指大動。吃的時候可自行添加高湯醬油或調味料。

周邊的店家

- 木田酒店 ……MAP 附錄②C-3
- 長楽製麺所 ……MAP 附錄②C-3

☎0877-46-3882 ⌂坂出市富士見町1-8-5
ⓛ11:30～12:30（販售9:00～17:00）休 不定休
P 有 JR坂出站步行7分 MAP 附錄②C-3

請留意營業時間

製麵所和自助式店，也有許多僅於中午時段的數小時才營業。請事前確認營業時間後再行前往。

依自己喜好添加醬油和醋調味

↑能直接品嘗到麵條的美味
←分次少量添加醬油和醋以調整味道

後付帳

谷川米穀店

‖滿濃町‖たにかわべいこくてん

手揉加上腳踩製成的麵條有「溫熱」和「冷」兩種吃法。不附高湯，依喜好添加醬油或醋，再配上自家製的青辣椒（視季節有時不提供）佃煮一起享用即谷川流的吃法。

☎0877-84-2409 ⌂まんのう町川東1490
🕒11:00～13:00(售完即打烊)
休 週日 P 有 🚗善通寺IC車程30km
MAP 附錄②E-8

周邊的店家

●小縣家
……MAP 附錄②C-6
●長田うどん
……MAP 附錄②C-6

僅於午間時段的數小時營業

在山中名店品嘗以柴火燒煮的Q彈烏龍麵

↑以昆布和小魚乾熬煮的特製高湯香氣濃郁
←店頭處引人側目的大量薪柴

先付款

山內うどん

‖滿濃町‖やまうちうどん

以柴火燒水煮麵，再沖泡冷水讓麵條緊實。耗費時間、講究手法製成的麵條，擁有嚼勁十足的Q彈口感。得經過一番山路的迷走後才能品嘗得到，美味的程度也是倍增。

☎0877-77-2916 ⌂まんのう町大口1010
🕒9:00～售完即打烊 休 週四 P 有
🚃JR黑川站步行20分
MAP 附錄②C-7

周邊的店家

●むさし
……MAP 附錄②C-6
●おがわうどん
……MAP 附錄②C-6

連招牌都很有「味道」

自行將一整條白蘿蔔研磨後再享用

↑享受清爽的口感
←用自己研磨的白蘿蔔泥當調味料

後付帳 伴手禮

小縣家

‖滿濃町‖おがたや

「醬油烏龍麵」的創始店，得自行研磨白蘿蔔泥的吃法為該店的噱頭。充滿彈性與光澤的麵條淋上微甜的生醬油、白蘿蔔泥、青蔥、橘醋後，即可豪邁地大啖美味。

☎0877-79-2262 ⌂まんのう町吉野1298-2
🕒9:30～16:00、週一9:30～14:00、週六日9:30～17:00 休 週二 P 有 🚗JR琴平站計程車15分 MAP 附錄②C-6

周邊的店家

●長田うどん
……MAP 附錄②C-6
●太郎うどん
……MAP 附錄②C-6

置放於店內的白蘿蔔堆

坂出市和滿濃町所在的中讚地區，傳說是弘法大師從唐朝引進製麵技術的讚岐烏龍麵發源地。

烏龍麵✕發源地的魅力 上門光顧雙倍美味的超知名店 Part②

雖然是100日圓硬幣大活躍的小小價格，
但背後的世界卻又寬又大，菜色和店的型態也形形色色。
正好利用這個機會，好好大快朵頤一番吧。

有奶油培根烏龍麵別稱的釜玉

週六、假日有多達1500人造訪的熱門店

廣場上備有桌子和椅子

山越うどん ‖綾川町‖ やまごえうどん

先付款 伴手禮

現煮的麵條輕拌加了生蛋的特製高湯，Q彈的麵條與滑順的口感，加上柔軟的蛋液更是絕品。有讚岐烏龍麵門面之稱的釜玉，就算排隊也想吃。

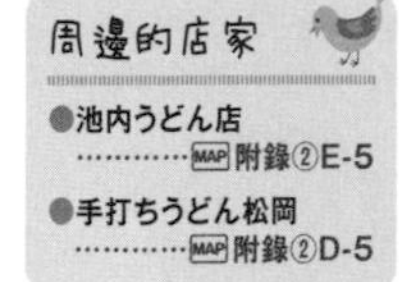

☎087-878-0420 ⌂綾川町羽床上602-2
🕘9:00～13:30 休 週日(5、8月、過年期間有臨時休)
P 有 🚗琴電瀧宮站計程車6分 MAP 附錄②E-5

柔韌的麵條與蛋液融合，更增添美味

店外常可見到排隊的人龍

土器川沿岸的鯉魚旗為明顯標誌

なかむら ‖丸亀市‖

先付款 伴手禮

碗內放入現煮麵條後，即可自行添加天麩羅、高湯、調味料，自己計價後到櫃台付帳。店家採自助式，據說以前客人還要自己到後方田裡摘蔥切碎享用（現為店家準備）。

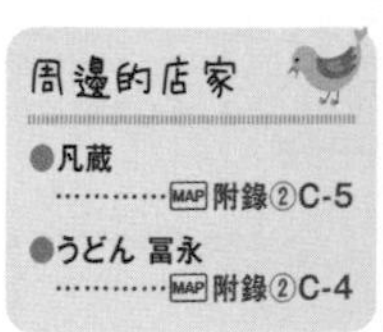

☎0877-98-4818 ⌂丸亀市飯山町西坂元1373-3
🕘9:00～14:00(週日為8:30～) 休 週二 P 有
🚗坂出IC車程6km MAP 附錄②C-4

預估排隊等候的時間

若為熱門名店就得要有排隊的心理準備，週末有時甚至得等上1小時。將排隊時間也考量進去後再出門吧。

口感強韌的麵條以ぶっかけ享用

↑若想感受彈牙麵條就點冷的ぶっかけ ←可輕鬆入店的氣氛

山下うどん

先付款

‖善通寺市‖やましたうどん

以醬汁烏龍麵的始祖而聞名的店。承襲腳踩揉麵的傳統製法讓麵更Q彈。冷醬汁烏龍麵能品嘗到彈牙口感、韌性十足的麵。

☎0877-62-6882 善通寺市与北町284-1 9:30～18:30 休 週二(逢假日則翌日休) P有 JR善通寺站計程車10分 MAP 附錄② C-5

周邊的店家

- 白川うどん …………MAP 附錄②B-5
- 凡蔵 …………MAP 附錄②C-5

圓融甜味美味醬汁的釜揚げ

↑就算是炎熱夏天也有高達8成客人會選擇的人氣菜單，香氣四溢 ←醬汁會放在大長型酒瓶內

長田in香の香

先付款 伴手禮

‖善通寺市‖ながたインかのか

釜揚烏龍麵的專門店，以鬆軟麵條的獨特口感為特色。昆布、柴魚片、小魚乾熬煮而成的湯頭加入醬油，放入長形酒瓶後隔水加熱製成的自家製高湯，吃起來味道很搭。

☎0877-63-5921 善通寺市金蔵寺町1180 9:00～17:00 休 週三、四(逢假日則營業) P有 JR金蔵寺站步行10分 MAP 附錄② B-5

周邊的店家

- 根ッ子 ……MAP 附錄②B-5
- はなや食堂 ……MAP 附錄②B-5

以寫上號碼的木牌取代餐券

味道極美的豪華ぶっかけ

↑放上大蝦2隻的奢侈配料 ←師傅嫻熟地炸出天麩羅

おか泉

後付帳 伴手禮

‖宇多津町‖おかせん

光滑的麵條、吃進口中酥脆感十足的天麩羅，再加上熟成的特製高湯。約20種類的菜單中最有人氣的「天麩羅冷麵」是完成度極高的豪華一碗。

☎0877-49-4422 宇多津町浜八番丁129-10 11:00～20:30(週六日、假日10:15～) 休 週一、二(逢假日則營業) P有 JR宇多津站步行15分 MAP 附錄②C-3

周邊的店家

- 中村うどん ……MAP 附錄②C-4

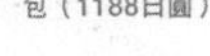

讚岐半生烏龍麵組合包(1188日圓)

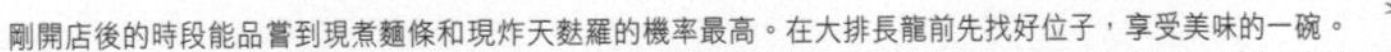

剛開店後的時段能品嘗到現煮麵條和現炸天麩羅的機率最高。在大排長龍前先找好位子，享受美味的一碗。

名店聚集的魅力地區 高松市區的讚岐烏龍麵

若沒車、沒時間，則推薦鄰近美味的
高松市內烏龍麵名店。
光是高松就有琳瑯滿目的店家可以選擇。

池上離高松機場
比較近喔

恰到好處的麵條口感，有冷、溫熱2種吃法。

冷烏龍麵（1份）＋蛋＋天麩羅 320日圓～

此店的招牌一品

總是笑口常開迎接客人上門的知名婆婆

老闆的溫厚個性也表現在麵的口味上

池上製麵所 ‖高松市‖いけがみせいめんじょ

先付款 伴手禮

高松機場附近的人氣店。身材矮小的老闆池上瑠美子，總是笑臉迎接著顧客上門。菜單只有烏龍麵一種，添加桌上的青蔥、高湯醬油或醬汁後品嘗簡單的好味道。

☎087-879-2204 高松市香川町川東下899-1 10:00～14:30（週六日、假日10:00～13:30、16:00～17:00，售完為止）休 週二（逢假日則營業）P 有 JR高松站琴電巴士40分，中飯Home Center前下車步行10分 MAP 16A-4

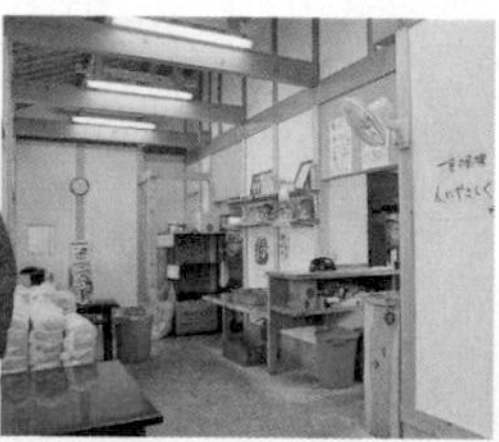

天井高挑的開放式製麵所

周邊的店家
●もり家 ……MAP 16B-4

竹清 ‖高松市‖ちくせい

先付款

不僅麵條彈牙、咬勁十足，還有自助式店家中少見地在客人面前現炸天麩羅，很有人氣。是一家商業區內的傳統午餐烏龍麵店，擁有許多忠實的顧客。

☎087-834-7296 高松市亀岡町2-23 11:00～14:30（售完為止）休 週一（逢假日則營業）P 有 JR栗林公園北口站步行5分 MAP 17B-3

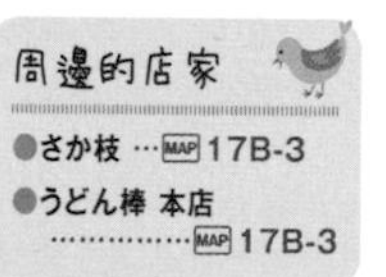

周邊的店家
●さか枝 …MAP 17B-3
●うどん棒 本店 ……MAP 17B-3

擠滿當地客、觀光客的店內

以嫻熟手法現炸天麩羅

位於商業區內、以現炸天麩羅為招牌的名店

半熟的蛋黃與麵條相融合

烏龍麵（1份）＋半熟蛋天麩羅 270日圓

此店的招牌一品

花100日圓租輛自行車移動

JR高松站和琴電瓦町站等7處都有自行車租借站。6小時之內只需100日圓即可租借自行車，可在任何一處還車。

わら家

‖高松市‖わらや

先付款　伴手禮

將江戶時代末期興建的茅葺農舍移築而來的店家充滿著風情，能品嘗以木盆裝盛的鍋燒烏龍麵。家族烏龍麵內有約8份的麵量，可供4人享用。粗麵條吃起來很有飽足感。

☎087-843-3115 高松市屋島中町91 ⓛ10:00～18:30（週六日、假日9:00～、12～2月的平日～18:00） Ⓟ有 琴電屋島站步行5分 MAP 16C-1

店家建於觀光景點的四國村入口處

周邊的店家

- うどん処 しんせい …MAP 16C-2
- かすが町市場 …MAP 16B-2

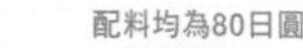

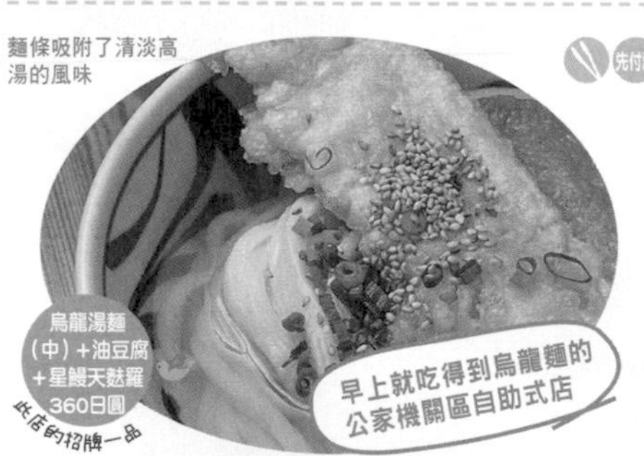

さか枝

‖高松市‖さかえだ

先付款

午間時段當然不用說，從早上5時就開門營業的名店，所以會有上班前就來光顧的客人。附近是辦公區，因此12時一到店外就排著長長的人龍。配料有50種以上，相當豐富。

☎087-834-6291 高松市番町5-2-23 ⓛ5:00～15:00（售完即打烊） 休 週日、假日 Ⓟ有 JR栗林公園北口站步行6分 MAP 17B-3

配料均為80日圓

周邊的店家

- うどん棒 本店 ……MAP 17B-3
- 竹清 ……MAP 17B-3

うどん本陣 山田家本店

‖高松市‖うどんほんじんやまだやほんてん

後付帳　伴手禮

改建自舊宅邸，可在能眺望美麗日本庭園的主屋客廳或別棟享用烏龍麵。醬汁烏龍麵附天麩羅、讚岐名物押壽司、醬油豆的定食很有人氣。

☎087-845-6522 高松市牟礼町牟礼3186 ⓛ10:00～20:00 休 無休 Ⓟ有 琴電八栗站步行15分 MAP 16C-1

門面宏偉的店家

周邊的店家

- 鄉屋敷 ……MAP 16C-2

觀光景點眾多的高松市區，烏龍麵店也很集中。可搭配觀光行程，有效率地盡情品嘗烏龍麵。

拾階而上祈求幸福 前往一生要參拜一次的金毘羅神

只在御本宮販售的幸福黃色御守

被暱稱為“金毘羅神”的金刀比羅宮。
可邊遊逛伴手禮店和甜點店，
邊沿著階梯一路往上參拜祈求幸福。

整個繞上一圈
半天

建議出遊Time
10:00-17:00

以金刀比羅宮為中心，劇場、甜點店、溫泉等觀光景點集中。到御本宮約需45分，再往前走30分可抵達奧社．嚴魂神社。若要邊走邊逛，最好預留半天時間。

嚴魂神社
1368階
白峰神社
923階
785階
金刀比羅宮御本宮
這一帶就是金刀比羅宮
旭社
628階
神椿
寶物館
365階
大門

周邊MAP請參照 附錄②C-6

A 舊金毘羅大劇場（金丸座）

きゅうこんぴらおおしばいかなまるざ

現存最古老的劇場

完整保留了江戶時代的劇場模樣，為日本現存最古老的劇場並已被指定為重要文化財。可參觀舞臺、客席和休息室等設施。

劇場 ☎0877-73-3846 琴平町1241 9:00～17:00 休無休 ¥門票500日圓（遇活動則不開放入場） P無 JR琴平站步行10分 MAP附錄②C-6

1835（天保6）年興建

B へんこつ屋

へんこつや

於創業95年的和菓子店享用抹茶

老字號和菓子店的名產，是一個個純手工製作的へんこつ饅頭和栗子羊羹。店內可品嘗附點心的抹茶或年糕紅豆湯。

抹茶（附へんこつ饅頭．羊羹）650日圓

和菓子店 ☎0877-75-2343 琴平町新町240 9:00～18:00 休無休 P有 JR琴平站步行7分 MAP附錄②C-6

參道上伴手禮店比鄰而立

黃色是金刀比羅宮的代表顏色

還保留江戶時代風情的舊金毘羅大劇場（金丸座）

也可坐上石段駕籠前往參拜！！

境內設有資生堂Parlour

由資生堂Parlour營運的新茶所「神椿」，就設在金刀比羅宮的森林中。位於石階500階處，1樓是咖啡廳、地下1樓為西餐廳。

金刀比羅宮 ことひらぐう

拾階梯而上參拜讚岐第一的大社

金刀比羅宮供奉著保佑海上安全等的守護神。沿著參道石階到本宮有785階，到山頂的嚴魂神社為止有1368階。還有書院和寶物館等景點散布在境內。

☎0877-75-2121 琴平町892-1
境內自由 JR琴平站到石階登山口步行15分 P無 MAP附錄②C-6

境內5家有歷史淵源的糖果攤

大門
金刀比羅宮境內的入口

從社殿旁的展望台可一望琴平的街景

C 灸まん本舗石段や

きゅうまんほんぽいしだんや

在民藝風格的店內舒緩參拜的疲累

包著高級甜點餡的灸形饅頭「灸まん」，是著名的金毘羅銘菓。可進來喝杯茶，當作參拜途中的小憩場所。

灸まん（12個裝）1025日圓

和菓子店 ☎0877-75-3220
琴平町798 7:30～18:00
休無休 P無
JR琴平站步行7分 MAP附錄②C-6

D 金陵之鄉

きんりょうのさと

介紹酒的歷史和文化的資料館

傳承寬政元年創業釀酒廠技術和精神的資料館。利用釀酒倉庫改裝的館內，設有酒器的展示區與金陵的販售區。

環繞大樟樹而建的白壁倉庫

資料館 ☎0877-73-4133 琴平町623 9:00～16:00（販售區8:30～）休週三 ¥門票310日圓
P無 JR琴平站步行7分 MAP附錄②C-6

金陵之鄉的莊嚴大門

以JR琴平站為移動據點

木造燈籠中高度名列日本第一的高燈籠

保留著珍貴資料的寶物館

周邊聚集了ことひら溫泉 琴參閣（P.50）等可當日往返入浴的溫泉旅館。

要不要起早一點
去栗林公園吃碗早粥？

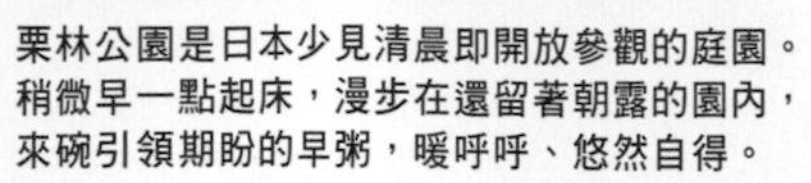

栗林公園是日本少見清晨即開放參觀的庭園。
稍微早一點起床，漫步在還留著朝露的園內，
來碗引領期盼的早粥，暖呼呼、悠然自得。

來碗美味的
早粥吧

栗林公園 ‖高松市‖りつりんこうえん

綿延於紫雲山東麓的回遊式大名庭園。75萬㎡的廣大腹地內，有6個水池和13座築山以及一片美麗綠意的松林。四季皆有不同花卉綻放的園內，有讚岐民藝館和商工獎勵館等諸多景點。

☎087-833-7411 ⌂高松市栗林町1-20-16
🕒7:00～17:00（視季節而異） 休無休 ¥門票410日圓
P有 🚉琴電栗林公園站步行10分 MAP 17B-4

園內遇見的一步一景

在雅致的茶室內享用早粥

野點傘彼方的花園亭茶室

早粥計程車行程方案

計程車單程車資和入園門票、早粥費用的組合行程。2人以上參加時的1人費用是1800日圓。可以在市內部分飯店內購買票券。

美食景點在這裡

花園亭

はなぞのてい

在北湖旁的茶室能吃到早粥（預約至前天為止）。加了梅子下去熬煮，鹹味恰到好處。春天則放入櫻花、秋天有栗子等，依季節會有不同變化。

（上）早粥（預約至前天為止，1300日圓～）。會附煮物、燒烤、醬菜等
（下）生苔的屋頂讓人有種寂寥感

餐廳 ☎087-831-5255
🕒7:00～18:00（早粥～10:00、18:00～採預約制）

掬月亭

きくげつてい

歷代藩主愛用的數寄屋風格茶室。為園內最大的建築物，可邊眺望修整完善的庭園和架在南湖上的偃月橋邊用茶。

（上）抹茶（附點心，700日圓），搭配日式饅頭。煎茶（附點心，500日圓）（下）由3棟建築所構成的掬月亭。照片中為可一望偃月橋的掬月間

茶室
☎087-833-7411（栗林公園）
🕒9:00～16:30

吹上亭

ふきあげてい

眼前即可欣賞偃月橋的賣店兼茶屋。以備長炭燒烤的糰子串為名產，有櫻花、艾草、味噌3種口味。酒麴製作的甜酒和手工紅豆湯風評也很好。

（上）串團子1支350日圓，櫻花和艾草上放有紅豆餡
（下）可輕鬆入內的氛圍

伴手禮店
☎0120-15-3044
🕒8:30～17:00

夏天時節綻放的荷花

來杯小小奢華的抹茶

在茂密林道間恣意漫步

肚子餓了就來吃糰子串吧

慢活島旅物語 ～小豆島懷舊篇～

姬路、岡山、高松搭乘渡輪約1小時～1小時40分。
在橄欖樹搖曳的慢活小豆島上，
展開一段不同以往的小旅行。

整個繞上一圈

1日

建議出遊Time
10:00-17:00

周長約126公里，島內的移動以巴士或汽車為主。土庄港起迄的小豆島橄欖巴士，會行經廣闊島內的各處。土庄港、福田港、草壁港、坂手港附近都有租賃車公司，租輛車來遊逛是不錯的選擇。

實地感受 讓人懷念的風景

觀光名勝眾多的小豆島，最吸引人的是懷舊的小島風情。有二十四之瞳電影村和醬油之鄉等充滿鄉愁的景點。另外，也是日本最先開始栽種橄欖的地方，隨風搖曳的橄欖樹林營造出的悠閒氛圍也相當有魅力。

若想感受懷舊風情就來這兒

二十四之瞳電影村 二十四の瞳映画村

『二十四之瞳』的佈景地，約1萬㎡的腹地內保存、開放電影的拍攝場景。日本畫廊和壺井榮文學館人氣很高。

主題公園 ☎0879-82-2455 住小豆島町田浦甲931 時9:00～17:00（11月8:30～） 休無休 ¥門票700日圓 P有 田ノ浦映画村巴士站下車即到 MAP31B-2

忠實重現的住家群

丸金醬油記念館 マルキン醤油記念館

在醬油倉庫改建而成的記念館內，以面板簡單介紹釀造醬油的道具和製造方法等。附設商店。

記念館 ☎0879-82-0047 住小豆島町苗羽甲1850 時9:00～16:00（視季節會有變動，1～2月採預約制） 休10月15日 ¥門票210日圓 P有 丸金前巴士站下車即到 MAP31C-2

醬油香氣環繞的館內

前往小豆島的交通方式

從高松港搭小豆島急行渡輪到土庄港需1小時，一天15班、船資690日圓。從岡山縣的新岡山港搭兩備渡輪需1小時10分，一天13班、船資1050日圓。

環島時可順道前往

隨風搖曳的橄欖樹林

也有海灘可嬉戲

公路休息站 小豆島オリーブ公園

園內栽種了橄欖樹和香草，還有希臘風的建築物。風車和交流廣場等適合拍紀念照的景點也很豐富。

☎0879-82-2200 ⌂小豆島町西村甲1941-1 ⏲8:30～17:00 休無休 P有 橄欖公園口巴士站步行7分
MAP 31B-2

希臘風建築物為明顯地標

創作料理 野の花

可品嘗橄欖果天麩羅和小豆島麵線湯等小島風味的創作料理。

☎0879-75-2424
⌂小豆島町室生赤坂892-1
⏲12:00～13:30(午餐)、18:00～19:30 休週三不定休 P有
赤坂巴士站步行5分
MAP 31A-2

野の花便當（午餐，數量限定）1200日圓

井上誠耕園

橄欖除了料理和護膚油外，還能製成無添加的橄欖皂。店內也有販售柑橘類的果醬和果汁。

☎0879-75-1101
⌂小豆島町池田882-6
⏲9:00～17:00 休無休 P有
土庄港計程車13分
MAP 31A-1

建於國道436號沿線上

瀨戶內海群島的藝術饗宴，吸引眾人的目光。

在藍天、碧海、美麗山巒、溫暖氣候環繞下的
瀨戶內的大小島嶼，有傑出的美術館和藝術作品。
乘著船來趟藝術鑑賞之旅吧！

直島（なおしま）

除了美術館外，藝術作品還散布在古民宅群和海邊各處。現在已經是名聞全世界的瀨戶內海藝術聖地。

美術館與飯店
合為一體的設施

貝尼斯之家美術館 ベネッセハウス ミュージアム

與景觀完全融合的安藤忠雄作品，設計概念為「自然、建築、藝術的共生」。藝術家為了該場所而創作的場域特定藝術均為永久館藏。

☎087-892-3223
⌂直島町琴弾地 ⏲8:00～20:00
休無休 ¥門票1030日圓 P有（住宿客專用） 杜鵑莊接駁巴士5分
MAP 附錄①F-2

（照片／山本糾）

草間彌生『南瓜』（照片／安齋重男）

安藤忠雄設計
（照片／藤塚光政）

沃爾特・德・瑪利亞「Time／Timeless／No Time」2004（照片／Michael Kellough）

Claude Monet Space
（照片／畠山直哉）

「思量自然與人的場所」美術館

地中美術館

ちちゅうびじゅつかん

館內有莫內、詹姆斯・特瑞爾、沃爾特・德・瑪利亞等永久館藏之作。

☎087-892-3755 ⌂直島町3449-1
⏲10:00～17:00（10～2月～16:00）
休週一（逢假日則翌日休） ¥門票2060日圓 P有 つつじ荘接駁巴士11分
MAP 附錄①F-2

如何前往直島

從高松島搭四國汽船渡輪到宮浦港約50分，一天5班，單程船資510日圓。從岡山縣的宇野港搭四國汽船渡輪約20分，一天13班，單程船資280日圓。

藝術家將
古民宅作品化

家計畫

いえプロジェクト

位於島東側的本村地區。藝術家將民宅改修，讓原本的居家空間直接作品化。目前已有7間開放展示。

☎087-892-3223（貝尼斯之家美術館） 直島町本村地区 10:00～16:30 休週一（逢假日則翌日休） ¥共通票（「KINZA」之外的6間）1030日圓、單間票（「KINZA」除外）410日圓 P有 農協前巴士站即到 MAP附錄①F-2

「角屋」（照片／上野則宏）

「角屋」宮島達男
"Sea of Time '98（時の海 '98）"
（照片／上野則宏）

追尋
安藤忠雄的足跡

ANDO MUSEUM

アンドウミュージアム

介紹安藤忠雄的活動和直島的歷史。在約100年歷史的小小古民宅裡，有著濃縮著安藤建築要素的空間。

☎087-892-3754（福武財團） 直島町736-2 10:00～16:00 休週一（逢假日則翌日休） ¥510日圓 P無 農協前巴士站步行5分 MAP附錄①F-2

以最低限度創作而成的美術作品

李禹煥美術館

りうふぁんびじゅつかん

展示約16件的常態館藏作品。李禹煥是1970年前後受到矚目的現代美術潮流「物派」的中心人物。與周邊景觀相互調和的建築物出自安藤忠雄的設計。

☎087-892-3754（福武財團） 直島町倉浦1390 10:00～17:30（10～2月～16:30） 休週一（逢假日則翌日休） ¥門票1030日圓 P無 つつじ荘接駁巴士8分 MAP附錄①F-2

「關係項・沉默」（照片／山本糾）

柱之廣場「關係項-點線畫」（2010）

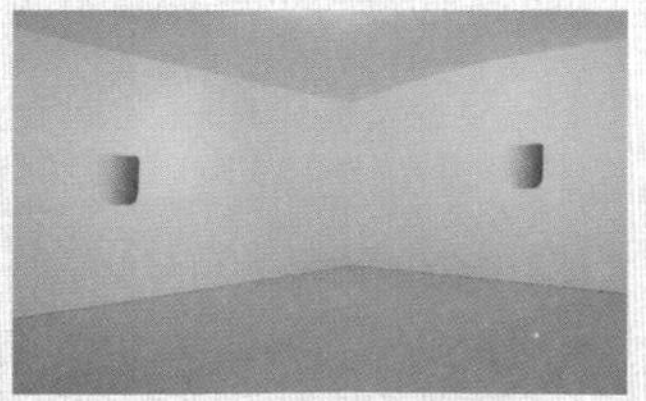

「對話」（2010）（照片／山本糾）

瀨戶內海群島的
藝術饗宴。吸引眾人的目光。

人群匯集的
全新休憩場所

宮浦Gallery六區

みやのうらギャラリーろっく

近宮浦港，由建築家西澤大良，將舊有柏青哥店改裝成為欣賞照片和影像的藝廊。

☎087-892-3754(福武財團)
⌂直島町2310-77
🕒¥視企畫展而異 P無
⚓宮浦港步行5分
MAP附錄①F-2

(照片／渡邉修)

能與島內居民交流的場所

直島銭湯「I ♥湯」

なおしませんとうアイラヴゆ

由大竹伸朗所設計、可實際入浴的美術設施，也是觀光客與當地居民的交流場所。內部裝潢到處可見錢湯的設計元素，來這兒泡個澡恢復元氣吧。

☎087-892-2626(直島町觀光協會內)
⌂直島町2252-2 🕒14:00～21:00(週六日、假日10:00～) 休週一(逢假日則翌日休) ¥門票510日圓 P無 ⚓宮浦港即到 MAP附錄①F-2

收集情報請來這兒

本村ラウンジ&アーカイブ

ほんむらラウンジアンドアーカイブ

販售家計畫的門票和藝術家的相關商品。

☎087-840-8273
⌂直島町850-2 🕒10:00～16:30 休週一(逢假日則翌日休) P無
📍農協前巴士站即到 MAP附錄①F-2

海の駅「なおしま」

うみのえきなおしま

位於宮浦港的渡輪碼頭，設有觀光服務處、咖啡廳、特產品賣店。

☎087-892-2299(NPO法人直島町觀光協會內)
⌂直島町2249-40 🕒觀光服務處8:30～18:00(其他則依各設施而異) 休無休 P有 ⚓宮浦港即到 MAP附錄①F-2

在咖啡廳悠閒小歇

あいすなお

以「溫和飲食」為宗旨使用自家製和當地產的食材，發揮素材本身風味的餐點很受歡迎。

☎087-892-3830 ⌂直島町761-1 🕒11:00～17:00 休不定休 P無 📍農協前巴士站即到 MAP附錄①F-2

←改建自約80年歷史的民宅

↓除了糙米、大豆味噌湯外，還附主菜和蔬菜料理的「あいすなお套餐」800日圓

茶寮おおみやけ

さりょうおおみやけ

原為村公所、由文化廳登錄為有形文化財的建築物，搖身一變成為咖啡廳&餐廳。可邊感受歲月的流逝，邊享受寧靜的時光。

☎087-892-2328 ⌂直島町855
🕒11:00～16:00 休週一
P有 📍農協前巴士站即到
MAP附錄①F-2

將摩洛哥菜改良而成的摩洛哥式咖哩(附沙拉)1000日圓

到這裡買門票

位於犬島港附近的犬島票券中心有販售犬島精鍊所美術館和犬島「家計畫」的門票。還附設商店&咖啡廳。

犬島（いぬじま）

漂浮在岡山縣岡山市近海的小島。利用銅製鍊所舊建築物而成的美術館等藝術計畫正在進行中。

藝術設施有時會臨時休館，請事先在HP確認
http://www.benesse-artsite.jp/

100年前的冶煉廠成為美術館

犬島精鍊所美術館

いぬじませいれんしょびじゅつかん

保存煉銅廠的舊建築並再生成為美術館，由遺產、建築、現代藝術、環境等4要素構成。館內能欣賞到以三島由紀夫為創作主題的柳幸典作品。

☎086-947-1112
⌂岡山県岡山市東区犬島327-5 ⏲10:00～16:30 休週二(12～2月為週二～四，逢假日則翌日休) ¥門票2060日圓(與犬島「家計畫」共通) P無 ⚓犬島港即到 MAP附錄①G-1

柳幸典「Hero乾電池／Solar Rock」(2008)
(照片/阿野太一)

在近代化產業遺產地區，可參觀自廢場後幾乎完整保留下來的煙囪等建物(照片／阿野太一)

(写真／阿野太一)

在咖啡廳小憩片刻

推薦到美術館內的咖啡廳空間坐下來休憩。

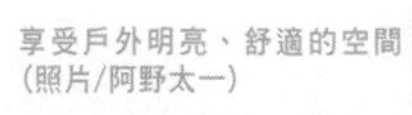

享受戶外明亮、舒適的空間
(照片/阿野太一)

以聚落再生為主題

犬島「家計畫」

いぬじまいえプロジェクト

5位作家的作品，展示在人口大量外流的聚落內，可以欣賞到日常生活的空間遇到藝術後重生變化的模樣。建築物的設計人為妹島和世。

☎086-947-1112(犬島精鍊所美術館)
⌂岡山県岡山市東区犬島 ⏲10:00～16:00 休週二(12～2月為週二～四，逢假日則翌日休) ¥門票2060日圓(與犬島精鍊所美術館、Seaside Inujima Gallery共通) P無 ⚓犬島港步行5分可抵達F邸 MAP附錄①G-1

犬島「家計劃」A邸
荒神明香「reflectwo(倒影成雙)」2013
(照片／Takashi Homma)

瀨戶內海群島的
藝術饗宴。吸引眾人的目光。

豐島（てしま）

擁有大自然恩惠的島嶼，以豐沛的湧水和美麗的梯田著稱。現在，是集焦點於一身的藝術之島。

藝術設施有時會臨時休館，請事先在HP確認
http://www.benesse-artsite.jp/

梯田是島上的象徵

石牆的堆砌方式
每個村落都不一樣

有著水滴般外形的建築（照片／森川昇）

透過水感受大自然的無窮

豐島美術館

てしまびじゅつかん

西澤立衛以滋潤島嶼的水滴般外形所設計的建築。大自然編織的美麗景觀與內藤禮的作品相互融合，營造出天然的空間感。

☎0879-68-3555
⌂土庄町豐島唐櫃607 ⏲10:00～16:30（10～2月10:30～17:30）㊡週二（12～2月的週二～四，逢假日則翌日休）¥門票1540日圓 Ⓟ無 📍美術館前巴士站即到 MAP附錄①G-1

展示橫尾忠則的作品

豐島橫尾館 てしまよこおかん

由橫尾忠則與建築家永山祐子打造的美術館。由「母屋」「倉庫」「納屋」等3個展示室構成，庭園和圓塔則有裝置藝術的展示。

☎0879-68-3555（豐島美術館）
⌂豊島家浦2359 ⏲10:00～16:30、10～翌2月は～17:30 ㊡火曜（12～翌2月は火～木曜休、祝日の場合は翌日休）
¥510円 Ⓟなし ⚓家浦港から徒歩5分
MAP付録①G-1

（照片／山本糾）

你的所愛也會讓你哭泣
(Japanese Franchise Version)

改造閒置住宅而成的咖啡廳，由橫尾忠則與建築家永山祐子打造的美術館。由「母屋」「倉庫」「納屋」等3個展示室構成，庭園和圓塔則有裝置藝術的展示。

以第一次世界大戰描繪於船身的迷彩條紋圖案所營造出的不可思議空間（拍攝／中村脩）

☎0879-68-3117（イル ヴェント）
⌂土庄町豐島家浦 ⏲10:00～16:45 ㊡週二（若週一或週二為假日則翌日休）¥門票300日圓（在咖啡廳消費者免費） Ⓟ無 ⚓家浦港步行3分 MAP附錄①F-1

心臟音資料庫

しんぞうおんのアーカイブ

設有燈光隨著心跳聲而明滅的展示室，以及可登錄自己心跳聲的空間。

能聽到蹦蹦跳的心臟音，為Christian Boltanski的作品（照片／久家靖秀）

☎0879-68-3555（豐島美術館）
⌂土庄町豐島唐櫃2801-1 ⏲10:00～17:00（10～2月～16:00）㊡週二（12～2月的週二～四，逢假日則翌日休）¥門票510日圓，心臟音登錄費1540日圓（附小冊子） Ⓟ無 ⚓唐櫃港步行15分
MAP附錄①G-1

男木島（おぎじま）

人口約200人的小島，交通手段只能靠徒步。坡道多，請以容易活動的裝扮為佳。

島上到處可見貓咪的蹤影

充滿島嶼風情的小路

島上最先遇到的藝術空間

男木島之魂 おぎじまのたましい

下了男木島港後正面的半透明空間。屋頂上裝飾著日文和希伯來文等各國文字，在晴朗的白天還能欣賞地面上的倒影，相當特別。

☎087-832-3123
(瀨戶內國際藝術祭實行委員會事務局)
高松市男木町 自由參觀 P 無
男木港即到 MAP 附錄①F-2

出自西班牙美術家Jaume Plensa的設計（拍攝／中村脩）

從現代藝術體會傳統工藝的手法

漆之家 うるしのいえ

將2間木造家屋以香川傳統的讚岐漆藝改裝而成。能體會「黑色房間」和「白色房間」兩種不一樣的技法與質感。於「品茶間」可使用漆碗享用茶和點心。

☎087-832-3123
(瀨戶內國際藝術祭實行委員會事務局)
高松市男木町 11:00～16:30
休 週六日、假日開館(可能有變更，需確認網站)
¥ 入館免費 P 無
男木港步行13分 MAP 附錄①F-2

家屋同時也是香川縣無形文化財維護者的大谷早人先生的老家（拍攝／中村脩）

瀨戶內一目瞭然MAP

若要洽詢船班和島嶼資訊…
☎0879-68-2150(豐島觀光協會事務局)
☎086-944-0538
(岡山市東區總務・地域振興課)
☎087-873-0001(高松市男木服務處)
☎087-873-0728(鬼島鬼之館)

女木島（めぎじま）

桃太郎傳說中的鬼島。港口砌著被稱為「オオテ」的石牆，形成一幅獨特的景觀。

有防風、防波堤作用的オオテ

矗立於港口的摩艾石像

可感受不可思議體驗的餐廳

不存在的存在 ふざいのそんざい

由阿根廷藝術家Leandro Erlich所設計的餐廳。明明沒人走過卻會出現腳印或是聽到腳步聲等，有許多不可思議的裝置。

☎087-832-3123
(瀨戶內國際藝術祭實行委員會事務局)
高松市女木町 10:40～16:30
休 週六日、假日開館（可能有變更，需確認網站）
¥ 門票300日圓（餐廳用餐者免費）
P 無 女木港步行7分 MAP 附錄②G-2

邊用餐還能邊體驗不可思議的裝置（拍攝／中村脩）

出發前請先確認船班時間。

又有現代美術又有建築 香川是個藝術之地

繼烏龍麵後，香川觀光行程中人氣急遽上昇的就屬藝術。
而且，以愈看愈有趣的現代藝術佔大多數。
美術館的建築物和歷史也很有意思，香川的美術館相當值得一逛。

1以「道」為設計意象的入口
2東山魁夷的代表作「道」(石版畫)
3由經手紐約近代美術館「MOMA」的谷口吉生所設計
4從開放式的休憩廳可近距離眺望瀨戶大橋

5Café MIMOCA／拍攝：藤田一浩
6自然光灑落的展示室／拍攝：山本糾
7Gate Plaza有展示壁畫「創造的廣場」以及3個巨大的裝置藝術／拍攝：山本糾

也別錯過了直島藝術

以「藝術之島」備受世界矚目的直島。除了地中美術館和貝尼斯之家美術館外，還有將村落當成畫布設計的家計畫等個性十足的現代藝術。P.32

沉浸魁夷的繪畫世界

香川縣立東山魁夷瀨戶內美術館

‖坂出市‖かがわけんりつひがしやまかいいせとうちびじゅつかん

在能眺望瀨戶大橋壯闊景色的沿海小美術館，盡情欣賞祖父為香川出身的日本畫家・東山魁夷的作品。展示以版畫作品為中心。

☎0877-44-1333 坂出市沙弥島南通224-13 9:00～16:30 休週一(逢假日則翌日休，黃金週、暑假期間無休)，展示更替期間會臨時休館 ¥門票300日圓(特別企劃展要另外付費) P有 坂出IC車程8km MAP附錄②C-2

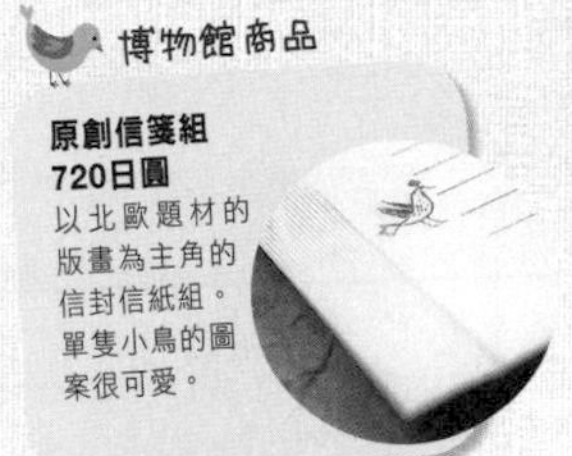

博物館商品

原創信箋組
720日圓
以北歐題材的版畫為主角的信封信紙組。單隻小鳥的圖案很可愛。

能感受畫家創作心情的美術館

丸亀市猪熊弦一郎現代美術館

‖丸亀市‖まるがめしいのくまげんいちろうげんだいびじゅつかん

冠上成長於丸龜並曾師事馬諦斯之畫家名的美術館。除了猪熊作品的常設展外，企劃展的精彩程度也是享譽全國。還設有可愛的咖啡廳和博物館商店。

☎0877-24-7755 丸亀市浜町80-1 10:00～17:30 休12月25～31日，展示更替期間會臨時休館 ¥門票300日圓(特別企劃展要另外付費) P有 JR丸亀站下車即到 MAP附錄②B-4

博物館商品

MIMOCA
便箋（50張）324日圓
信封（10張）432日圓
以大壁畫「創造的廣場」為主題的設計。便箋僅1種類，信封依顏色・圖案有4種類。

探訪街上的藝術

香川的街頭也可見藝術。有裝飾著猪熊弦一郎陶板壁畫的縣廳東館和丹下健三設計的縣立體育館，機場還有野口勇的雕刻。

●高松機場的雕刻

野口勇的遺作「Time and Space」，就置於機場的正面。

●香川縣廳東館

已有50年歷史的東館是丹下健三的代表作。館內有劍持勇設計的椅子，以及掛著猪熊弦一郎陶板壁畫的大廳。

中島喬治紀念館

ジョージナカシマきねんかん

展示熱愛木頭與自然的家具設計師──中島喬治作品的紀念館，旁邊就是製作中島椅子的櫻製作所。參觀後，可到館內的咖啡廳坐在名作的椅子上喝杯茶。

☎087-870-1020 高松市牟礼町大町1132-1 10:00～17:00(入館～16:30) 休週日、假日(週日在2日前需預約) ¥門票500日圓 P有 琴電塩屋站步行5分 MAP附錄①G-2

坐在藝術風格的作品上，度過悠閒片刻的咖啡空間

在高松發現的 時髦餐廳&咖啡廳

能吃得到當地農家蔬菜的餐廳，
可在舒適空間悠閒度過的咖啡廳。
挑家漂亮的店，享受美味好時光。

金線魚佐番茄奶油醬汁1000日圓（前）
紅皺岩螺的手工義大利麵1500日圓（右後）

品嘗地產地消的義大利菜

ITALIAN erbaggio

イタリアンエルバジオ

將瀨戶內海特有的小魚和契約農戶進貨的罕見蔬菜，調理成賞心悅目的菜肴。

☎087-861-2755
高松市新北町10-20
11:30～14:00、18:00～21:00
休 週三、隔週週二 P 有
琴電巴士新北町巴士站步行5分 MAP 16A-1

在氛圍沉穩
的店內悠閒享用美食

小鳥菜單

義大利麵午餐 ‥‥‥1600日圓
四季的邂逅全餐 ‥‥5500日圓

讚岐美食吃到飽

讃州の恵み やさしい食卓

さんしゅうのめぐみやさしいしょくたく

以吃到飽形式享用有媽媽味道的家常菜、瀨戶鮮魚區等使用當地食材的料理。還可挑選喜愛的蔬菜，品嘗當場現炸的天麩羅。

☎087-813-1813
高松市丸亀町2-13 丸亀町弐番街3号館3F 11:30～14:30（週六日、假日～15:00）、17:30～21:00 休 不定休 P 無 琴電片原町站步行5分 MAP 17C-2

在可容納100人的
寬敞店內輕鬆用餐

小鳥菜單

附2小時無限暢飲的自助餐
‥‥‥‥‥‥‥‥‥3300日圓

自助餐 1680日圓
可盡情享用使用大量當地食材的佳餚，蔬菜尤其美味

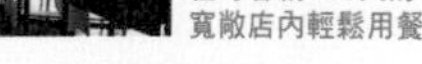

「小鳥菜單」 就是co-Trip小伴旅的推薦菜色。

現代風格的町家咖啡廳

Café asile

カフェアジール

門前町的古老町家搖身一變成為咖啡廳。可在融合了日本古老美好時光與新穎現代元素的空間裡，享用和洋融合的餐點和飲料。附設現代藝廊。

☎087-889-1531 高松市仏生山町甲2507 8:30～18:00 休週一（逢假日則翌日休） P有 琴電仏生山站步行13分 MAP16B-3

豆腐起司蛋糕500日圓
抹茶卡布奇諾600日圓

町家與現代風格家具融合成一體。幽暗的設計也很有味道！

小鳥菜單

asile午餐 ……… 1100日圓
黑糖布丁 ………… 450日圓

季節水果菠蘿酥蛋糕350日圓（＋380日圓即附咖啡or紅茶）

店內擺放的是香川在地家具師傅所製作的家具

招牌獨創掛鐘S10500日圓
香川縣產杉木的小鳥1575日圓

小鳥菜單

招牌午餐（附飲料）…… 1300日圓
小魚和海苔的瀨戶內土司 ……650日圓

能感受綠意和微風的市區咖啡廳

まちのシューレ963

まちのシューレきゅうろくさん

有使用當地當令食材的讚岐特製午餐和講究的咖啡、自家製蛋糕等。不僅僅是咖啡廳，店內陳列的生活雜貨、民藝品和食品都很值得參觀。

☎087-800-7888 高松市丸亀町13-3 高松丸亀町参番街東館2F 11:00～19:30（咖啡廳為11:30～18:00、金～日曜は～22:00） 休第3週一 P無 琴電片原町站步行10分 MAP17C-2

高松設計風格咖啡廳的先驅

umie

ウミエ

利用舊倉庫的建築物，高度設計性的各種室內裝飾充滿魅力。在看得到海的吧檯座位喝喝茶，或是在沙發上看看書休憩一下都很愉快。

☎087-811-7455 高松市北浜町3-2 北浜alley內 11:00～23:30（週六10:00～，週日、假日10:00～20:30） 休週三（逢假日則翌日休） P有 JR高松站步行15分 MAP17C-1

運用挑高天井的空間設計相當出色！

小鳥菜單

燉牛肉盤餐 …… 1200日圓
餅乾 ……………… 450日圓

焦糖卡布奇諾580日圓

雖然各種想吃美食當前 在香川，首選當然是當地料理

香川的美食，並非只有讚岐烏龍麵而已。
傳統鄉土料理、瀨戶內海的海鮮料理、
名店的獨創個性料理等也都很值得品嘗。

【 讚岐鄉土料理 】

受到溫暖氣候、自然恩惠眷顧的香川縣，有許多海鮮和山產、河產，也是鹽、砂糖、醬油等調味料的著名產地。使用豐富的食材、承襲先人智慧的烹調手法製作的鄉土料理每一道都是美味。能品嘗到押壽司和煮物料理等佳餚。

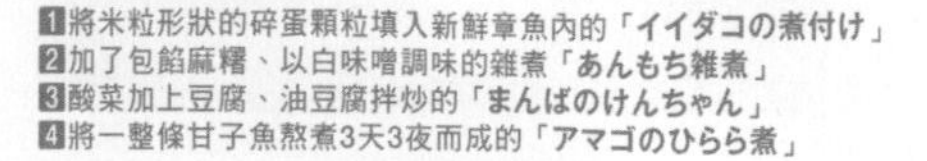
1將米粒形狀的碎蛋顆粒填入新鮮章魚內的「イイダコの煮付け」
2加了包餡麻糬、以白味噌調味的雜煮「あんもち雑煮」
3酸菜加上豆腐、油豆腐拌炒的「まんばのけんちゃん」
4將一整條甘子魚熬煮3天3夜而成的「アマゴのひらら煮」

まいまい亭

‖高松市‖まいまいてい

料亭 ☎087-833-3360
高松市東田町18-5
11:30～14:00、17:00～22:00（均採預約制） 休 無休 ¥ 午間全餐(5種類)1575日圓～、晚間全餐(5種類)4200日圓～ P 無 琴電瓦町站步行7分 MAP 17B-3
※會依當季食材變換料理內容

5醋飯間夾著配料、放上馬加魚等裝飾食材的「鰆の押し抜き寿司」
6店內裝飾著友人池田滿壽夫的作品
7聽說野口勇也深愛這家店的味道

【帶骨雞肉】

帶骨雞肉是將雞腿肉以烤箱等燒烤調理而成。分為有嚼勁、味道濃郁的「老雞」和肉質軟嫩的「小雞」2種類。香辛料入味的雞肉讓人食慾大開。

↑兵庫町商店街にある店
→使用縣產當天宰殺的雞腿肉（照片中為小雞帶骨烤雞840日圓）

寄鳥味鳥 ‖高松市‖よりどりみどり

居酒屋☎087-822-8247 ⌂高松市兵庫町1-24 2F
🕒17:00～22:20（週日、假日～21:50）休週六（若週六逢3天連假則於最後一天休）P無 🚃琴電片原町站步行5分 MAP 17C-2

【星鰻天麩羅】べえすけの天ぷら

瀨戶內海捕撈的星鰻又大又肥美，當地稱為「べえすけ」。特色為油脂豐富、肉質鮮嫩、味道清淡，可在當季海鮮料理羅列的自助式食堂「いただきさんの海鮮食堂」內吃得到。

↑一整條的星鰻天麩羅以時價販售約1000日圓左右　↓陳列著約60種類、價格便宜的海鮮料理

いただきさんの海鮮食堂

‖高松市‖
いただきさんのかいせんしょくどう

食堂☎087-835-4336 ⌂高松市茜町4-41 🕒11:00～14:00 休週三 P有 🚏JR高松站琴電巴士10分，中央批發市場前下車步行3分 MAP 17A-2

在地食物也很美味

【大章魚燒】たこ判

高5cm、寬8cm的大尺寸章魚燒。「たこ判小前」這家店是30年前應當地中學生的要求而開始製作。除了添加高麗菜、章魚、麵衣的基本口味外，還有加入起司、麻糬、蛋等近30種類的菜單可選擇。

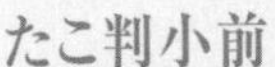

↑份量滿點的「加蛋大章魚燒」1個120日圓　↓店裡的招牌人物トシ子婆婆

たこ判小前

‖三豊市‖たこばんこまえ

食堂☎0875-82-3189
⌂三豊市仁尾町仁尾浜辛33-9
🕒9:00～19:00 休每月中旬的週一和最後週一 P有 🚗JR詫間站計程車10分 MAP 附錄①E-3

使用愈多愈有韻味的丸龜團扇

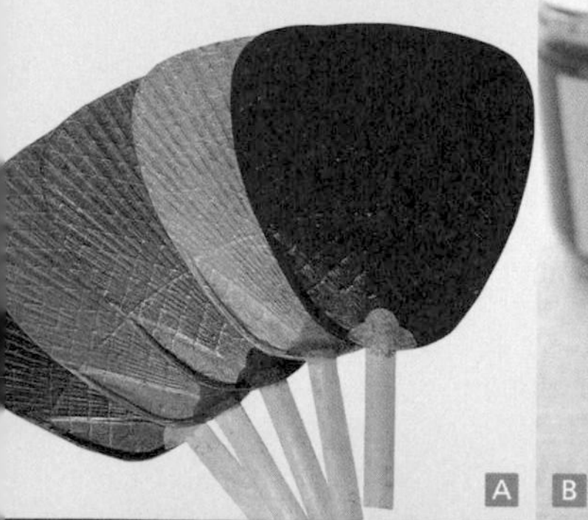

A

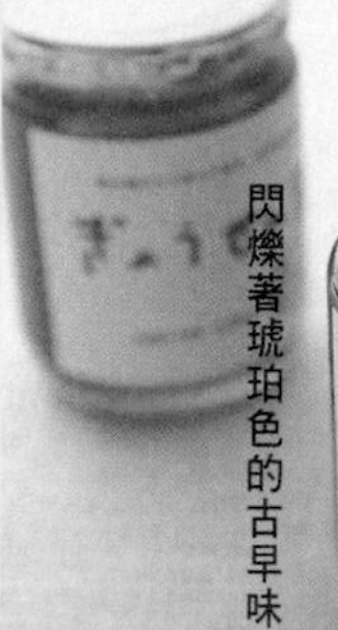

閃爍著琥珀色的古早味

B

風味濃郁的
傳統釀造醬油

C

D

穿上舒適的
梧桐木屐優雅地上街去

把喜歡的帶回家吧

小旅行中的小確幸 @香川

使用甜味溫和的和三盆糖
製作的甜點
和以小豆島名產橄欖油
製成的手工皂等。
香川縣有許多古早風情、
高品味的特產，
選一樣給自己當作犒賞吧。

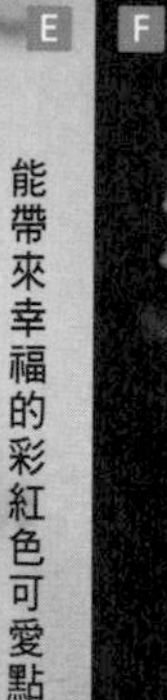

E

能帶來幸福的彩紅色可愛點心

F

只要試過
就會愛上的觸感

A將和紙塗上澀柿汁染料的團扇（1支1680日圓）是一支支純手工製成
B由麥芽加入糯米經過糖化後的糖漿熬煮製成的凝煎飴（瓶裝，小1200日圓）
C濃口醬油中還浮著醬醪顆粒的珍貴醬醪醬油（900mℓ 6825日圓）
D用大正時代的壽司店暖簾做成鞋帶的木屐（鞋帶8640日圓～、鞋台4104日圓～）
E傳統婚禮習俗中的彩紅色點心Oiri（盒裝399日圓～），以入口即化的口感為特徵
F耐用、觸感佳，用起來很舒適的岩部保多織本舖床單（單人4860日圓）

SHOP LIST

A茂木団扇（しげきうちわ）
☎0877-23-2406 丸亀市土器町東8-312
9:00～18:00 休 不定休 P 有
JR宇多津站步行20分
MAP 附錄②B-4

B三原飴店（みはらあめてん）
☎087-898-1377 三木町池戸3747-1
9:30～17:00 休 週四、日
P 有 琴電農學部前站步行5分
MAP 16C-3

Cかめびし屋（かめびしや）
☎0879-33-2555 東かがわ市引田2174
10:00～17:00 休 無休
P 有 JR引田站步行10分
MAP 124A-1

D黒田商店（くろだしょうてん）
☎087-831-5758 高松市田町8-12
9:00～18:00 休 不定休
P 無 琴電瓦町站步行5分 MAP 17C-3

E山下おいり本舗（やましたおいりほんぽ）
☎0875-72-5438
三豊市高瀬町新名1018-20
10:00～18:00 休 不定休 P 有
JR高瀬站步行7分 MAP 附錄②A-6

FNISHI NISHI（にしにし）
☎087-868-0405 高松市伏石町1583
11:00～18:00 休 週三 P 有
琴電三条站步行3分 MAP 16B-2

柑橘和橄欖的
美味關係

G

如粉雪般口感的乾菓子

H

人氣不墜的
樸實竈形饅頭

I

J

吃得到和三盆糖溫和風味的
著名蛋糕捲

K

隨著歲月流逝越發
有韻味的紅色器皿

L

擁有歷史典故、
餘韻微甘的烤麩煎餅

M

以純橄欖油
製成的手工皂

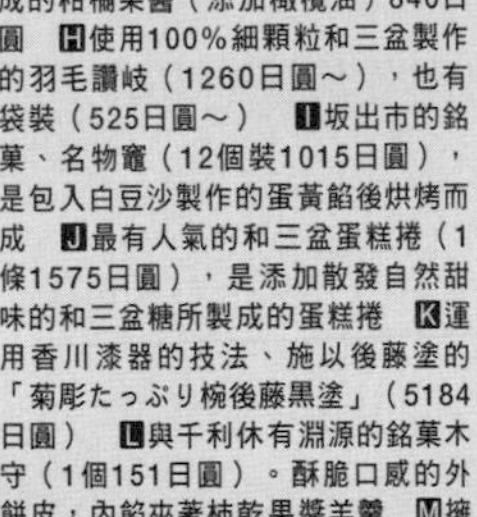

G以井上誠耕園農田採收的柑橘所製成的柑橘果醬（添加橄欖油）840日圓　H使用100%細顆粒和三盆製作的羽毛讚岐（1260日圓～），也有袋裝（525日圓～）　I坂出市的銘菓、名物竈（12個裝1015日圓），是包入白豆沙製作的蛋黃餡後烘烤而成　J最有人氣的和三盆蛋糕捲（1條1575日圓），是添加散發自然甜味的和三盆糖所製成的蛋糕捲　K運用香川漆器的技法、施以後藤塗的「菊彫たっぷり椀後藤黒塗」（5184日圓）　L與千利休有淵源的銘菓木守（1個151日圓）。酥脆口感的外餅皮，內餡夾著柿乾果醬羊羹　M擁有豐富天然保濕成分、細緻泡沫的橄欖油皂（1260日圓）

SHOP LIST

GM井上誠耕園P.31

H三谷製糖羽根さぬき本舗（みたにせいとうはねさぬきほんぽ）
☎0879-33-2224 東かがわ市馬宿156-8 9:00～18:30
休 不定休 P 有 JR讚岐相生站步行7分 MAP 124A-1

I名物かまど総本店（めいぶつかまどそうほんてん）
☎0877-46-6600 坂出市江尻町1247 9:00～19:30
休 無休 P 有 JR坂出站步行20分 MAP 附錄②D-3

Jルーヴ空港通り店（ルーヴくうこうどおりてん）
☎087-869-7878 高松市鹿角町290-1 9:30～19:30
休 無休 P 有 琴電太田站步行15分 MAP 16B-2

K一和堂工芸（いちわどうこうげい）
☎087-841-1531 高松市屋島東町1572 10:00～18:00
休 週日、假日（週六不定休） P 有 琴電古高松站步行3分
MAP 16C-1

L三友堂（さんゆうどう）
☎087-851-2258 高松市片原町1-22 8:30～19:00
休 無休 P 無 琴電片原町站步行3分 MAP 17C-2

還有還有很多香川的可逛景點

倉庫改裝的市區店家、
展示小豆島醬油的資料館，
以下介紹擁有絕佳氣氛的可逛景點。

高松市 史跡高松城跡「玉藻公園」
たまもこうえんしせきたかまつじょうあと

☎087-851-1521 ⌂高松市玉藻町2-1 ⓛ西門從日出～日落、東門7:00～18:00（10～3月8:30～17:00）休12月29～31日 ¥門票200日圓（1月1～3日、5月5日免費）P有 JR高松站步行3分 MAP 17C-2

日本最大的水城遺跡之一

日本三大水城之一。有著天守閣遺跡，和三面注滿海水護城河的高松城遺跡公園，月見櫓等是重要文化財。餵鯛魚是很受歡迎的活動。

高松市 四國民家博物館「四國村」
しこくみんかはくぶつかんしこくむら

☎087-843-3111 ⌂高松市屋島中町91 ⓛ8:30～17:00（11～3月為～16:30）休無休 ¥門票800日圓 P有 琴電屋島站步行5分 MAP 16C-1

展示舊時日常生活用具

從四國各地移築了33棟民宅和倉庫等建物，復原後成為屋外博物館。愛媛的茅草屋「舊河野家住宅」等8棟已被列為重要文化財。

高松市 高松地標塔
たかまつシンボルタワー

☎087-811-2111 ⌂高松市サンポート2-1 ⓛ飲食店11:00～22:00、商店10:00～21:00（視店鋪而異）、展望空間10:00～20:00 休無休 P有 JR高松站步行3分 MAP 17B-1

海灣地區的地標

由設有"料理鐵人"的展望餐廳和瞭望空間的30層樓高塔，以及拉麵主題公園和商店等進駐的大樓所組成。

高松市 北浜alley
きたはまアリー

☎087-811-5212（Naja）
⌂高松市北浜町3-2
ⓛ・¥・休視店鋪而異 P有
JR高松站步行15分 MAP 17C-1

紅棕色壁面營造出獨特的氛圍

林立於高松港的昭和初期倉庫街，有許多年輕老闆們創意無窮的店家。以法國風格的雜貨鋪為首，除了來自泰國和越南等的進口家具店、流瀉著爵士樂和Bossa Nova的酒吧外，還有咖啡廳、餐廳等共計8家店。

↑恣意悠閒的博物館酒吧

↑外觀還維持舊倉庫的模樣

高松市 北浜alley N.Y.GALLERY
きたはまアリーエヌワイギャラリー

☎087-811-5212（Naja）
⌂高松市北浜町12-7 ⓛ11:00～20:00
休週二（逢假日則翌日休）¥請洽詢
P有 JR高松站步行15分 MAP 17C-2

運用老舊倉庫改裝而成的流行店

與北浜alley同樣都是改裝自舊倉庫的購物中心，這裡以紐約的倉庫街為設計主題。在挑高天井的開放空間內，有販售花、葡萄酒、雜貨的「Grace market」、出租藝廊、攝影工作室等各種個性流行店。還會不定期舉辦攝影展或現場表演等活動。

↑夜晚點燈後的夢幻倉庫

高松市 高松丸亀町商店街
たかまつまるがめまちしょうてんがい

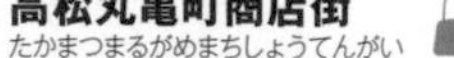

☎087-823-0001 ⌂高松市丸亀町1-1
ⓛ・¥・休視店鋪而異 P有
琴電片原町站步行5分
MAP 17C-2

個性商店齊聚

由高22m的水晶拱廊連結而成的商店街。有7棟複合大樓以及服飾店、雜貨鋪、餐廳等多樣店家聚集。

高松市 象屋元蔵
きさやもとぞう

☎087-861-2530 ⌂高松市田町5-8
ⓛ10:30～17:30 休週一
¥小魚煎餅（1片）94日圓～ P無
琴電瓦町站步行7分 MAP 17B-3

濃縮美味的煎餅

直接將瀨戶內海的小魚一片片手工燒烤而成的小魚煎餅。依不同季節有章魚、蝦、鯛魚、眼張魚、沙梭魚等13種口味，相當豐富。

高松市

新屋島水族館
しんやしますいぞくかん

☎087-841-2678 ⌂高松市屋島東町1785-1 ⏱9:00～16:30 休無休 ¥門票1200日圓 P有 屋島山上巴士站步行5分 MAP 16C-1

建於屋島山上的水族館

除了美國海牛外，還能欣賞到世界第一艘透明壓克力船和日本僅2座可觀賞銭形海豹甜甜圈型水槽等珍貴展示。

琴平町

本家船々堂
ほんけふねふねどう

☎0877-73-2020 ⌂琴平町952 ⏱8:00～18:00（11～2月～17:00） 休無休 ¥船々煎餅（24片裝）600日圓 P有 JR琴平站步行10分 MAP 附錄②C-6

金毘羅船煎餅

有香川民謠燒印的煎餅。樸實的甜味口感很受歡迎，自明治時代販售以來就是參拜金刀比羅宮時的人氣伴手禮。

小豆島

山六
ヤマロク

☎0879-82-0666 ⌂小豆島町安田甲1607 ⏱9:00～17:00 休無休 ¥鶴醤（500mℓ）1080日圓、菊醤（500mℓ）1080日圓 P有 安田上巴士站步行10分 MAP 31C-1

承襲傳統的釀造醬油

有甘露醬油和使用丹波黑豆釀造的醬油等產品。倉庫內可見並排著從明治創業以來使用至今、讓醬油醪進行發酵的大杉桶。

東香川市

讃州井筒屋敷
さんしゅういづつやしき

☎0879-23-8550 ⌂東かがわ市引田2163 ⏱10:00～16:00（視設施而異） 休週三（假日、活動舉辦期間則照常開園） ¥入館免費，主屋（附茶）300日圓（視展示內容可能會變動，請事前確認） P有 JR引田站步行10分 MAP 124A-1

重現富商的宅邸

將江戶時代至昭和後期以釀造酒和醬油而興盛的「井筒屋」宅邸改建成為觀光設施。主屋有茶室和起居室，可邊眺望庭園邊享用茶。並設有可品嘗當地鮮魚的餐廳和骨董店等，三之藏的1樓是販售當地特產品的伴手禮店，2樓是生產量日本第一的東香川市手套歷史資料展示室和體驗工房。

↑起居室看出去的庭園

小豆島

寒霞溪
かんかけい

☎0879-82-2171（寒霞溪纜車） ⌂小豆島町神懸通 ⏱自由參觀，纜車8:36～17:00（視季節會有變動） 休無休 ¥纜車來回（1350日圓） P有 纜車紅雲站搭寒霞溪纜車5分，纜車山頂站下車即到 MAP 31B-1

知名的紅葉名勝

為入園日本自然100選的溪谷。從運行於垂直聳立巨岩間的纜車，可眺望歷經約200萬年歲月刻畫的溪谷之美。

小豆島

小豆島故鄉村（小豆島ふるさと村）
しょうどしまふるさとむら

☎0879-75-2266 ⌂小豆島町室生2084-1 ⏱8:30～17:00（視設施而異） 休無休 ¥入園免費，釣魚棧橋使用費500日圓 P有 故鄉村巴士站下車即到 MAP 31A-2

沿海的綜合休閒設施

各種體驗教室和網球場、露營場、住宿設施等設備。在釣魚碼頭上，可以看著海享受釣魚的樂趣。

小豆島

岬之分校（岬の分教場）
みさきのぶんきょうじょう

☎0879-82-5711 ⌂小豆島町田浦甲977-1 ⏱9:00～17:00（11月8:30～） 休無休 ¥門票200日圓 P有 田之浦巴士站下車即到 MAP 31B-2

小說『二十四の瞳』舞台

到1971（昭和46）年為止是苗羽小學田浦分校的使用地。教室內擺放了12張小桌椅，可一窺當時的模樣。

觀音寺市

琴彈公園
ことひきこうえん

☎0875-23-3933（觀音寺市經濟部商工觀光課） ⌂觀音寺市有明町 ⏱可自由入園 P有 JR觀音寺站步行15分 MAP 附錄①E-3

白砂青松的風景名勝地

由琴彈山和有明濱等組成的公園，為櫻花和杜鵑的賞花名所。有罕見造型的松樹以及描繪「寬永通寶」的巨幅砂畫。

來到香川之後 推薦的飯店＆旅館

優質飯店選擇性眾多的香川縣，
讓人忍不住想以「住宿」為目的前來造訪。
也能增加不少旅遊的滿足感。

1以瀨戶內海的當季海鮮和當地產蔬菜搭配而成的法國料理
2配備小雙人床的寢室　3整潔的餐廳

以法國料理款待來客、全室均為大套房的飯店

AUBERGE de OOISHI

‖高松市‖

感覺像是法國鄉間別墅的飯店。全部5間客房均為面海景、客廳和寢室是獨立的大套房。可在優雅的氣氛中享用主廚的法國全餐料理。

費用方案

●1泊2食28875日圓～
●僅用餐（午餐4040日圓～、晚餐9240日圓～）

早餐可在客廳或陽台享用

☎087-843-2235
高松市屋島西町65
IN15:00　OUT11:00
JR高松站計程車15分
MAP 16B-1

以「自然、建築、藝術的共生」為設計概念的設施

貝尼斯之家

‖直島町‖ベネッセハウス

由建築師安藤忠雄設計、美術館和飯店合為一體的設施。由客房設在美術館內的MUSEUM、建於高台上的OVAL、沙灘旁全室均為大套房的BEACH、木質風格的PARK等4棟建築物組成。

☎087-892-3223
直島町琴弾地
IN15:00　OUT11:00
宮浦港住宿客專用巴士約10分 MAP 附錄①F-2

費用方案

●雙床房31000日圓～

PARK的客房（拍攝／渡邊修）

PARK的外觀（拍攝／渡邊修）

若想在瀨戶內的豐沛大自然中
悠閒度過時光，
伊吹島的「民宿いぶき」
等住宿選擇也相當推薦。
P.50

這裡最迷人！
可享受汲取自家源泉的多種浴池

1戶外花園內的「微風」之湯 2晚餐一例，可於客房或個室料亭享用
3各樓層都有一間邊間大套房

可享受各式浴池的溫泉度假村

湯元こんぴら温泉華の湯紅梅亭

‖琴平町‖ゆもとこんぴらおんせんはなのゆこうばいてい

腹地內就有源泉的溫泉住宿。有檜露天浴池、華浴池等多樣浴池，還提供腳底按摩等服務。2014年4月時割烹餐廳丸忠新開幕。

費用方案

●1泊2食24300日圓～
●當日往返入浴（11:00～15:00，尖峰時段不可）1858日圓
●自助午餐1976日圓（週六日、假日前日等特定日為2516日圓）

☎0877-75-1111 琴平町556-1
IN15:00 OUT10:00 JR琴平站步行5分
MAP 附錄②C-6
●提供接送服務
●有露天浴池

雅致的女性專用露天「華風呂」

建於醬油之鄉、充滿小豆島風格的旅館

日本料理·島宿 真里

‖小豆島町‖にほんりょうりしまやどまり

位於醬油倉庫並排林立的「醬油之鄉」，利用大正後期建造的主屋和倉庫等古老建築改裝成的旅館。7間客房都各異其趣，還搭配房間的風格設置浴池。利用醬油產地之便的「醬油會席」為該旅館的特有口味。

☎0879-82-0086
小豆島町苗羽甲2011
IN14:00 OUT11:00 草壁港小豆島橄欖巴士7分，丸金前下車步行5分 MAP 31C-2
●提供接送服務

費用方案

● 1泊2食25530日圓～

海鮮和蔬菜羅列的醬油會席

這裡最迷人！
客房設計每間都不一樣

1舒適的「お」之間客廳（和室） 2四周環繞著綠意盎然的山丘
3「お」之間的展望浴池

有城市飯店、島嶼旅館 香川的住宿情報

建於高松市內、地理位置絕佳的城市飯店和
時間流逝緩慢的島嶼旅館等，多樣的選擇性介紹如下。

住宿費用，是以淡季平日、客房數最多的房型
2名1室利用時1人的費用為基本。飯店為1間房的費用。

高松市 旅 花樹海 はなじゅかい
C 新 ✿

☎087-861-5580 ¥附2餐15000日圓～ 室和室41、洋室6、和洋室1 IN16:00 OUT10:00 P有 JR高松站計程車10分 MAP 16A-1

POINT 從客房可一望瀨戶內海和市區街景。使用當季食材的京風懷石一年四季都吃得到，也有不少客人是專程為了料理而來。

※照片為一般和室

高松市 H JR高松克雷緬特飯店 JRホテルクレメント高松
C 煙 N ✿

☎087-811-1111 ¥S12830日圓～、T24948日圓～、W23760日圓～ 室S137、T98、W27、其他38 IN14:00 OUT12:00 P有 JR高松站下車即到 MAP 17B-1

POINT 可一望瀨戶內海、香川代表性的高樓飯店。設有可舉辦國際會議的宴會廳和6間餐廳、酒吧等。

琴平町 旅 琴平グランドホテル 桜の抄 ことひらグランドホテルさくらのしょう
C 煙 ♨ ✿

☎0877-75-3218 ¥附2餐23760日圓～ 室和室29、洋室4、和洋室29、附露天浴池的客房10 IN15:00 OUT10:00 P有 JR琴平站步行15分 MAP 附錄②C-6 POINT 女性的露天浴池每天都提供「玫瑰浴池」。和洋50種菜色的自助式早餐也很受好評。

高松市 H 高松麗嘉酒店ZEST リーガホテルゼスト高松
C 新 煙 N ✿

☎087-822-3555 ¥S9148日圓～、T17820日圓～、W17820日圓～ 室S53、T41、W18、其他10 IN15:00 OUT11:00 P有 JR高松站步行10分 MAP 17B-2
POINT 高松機場利木津巴士停靠站就在飯店正門。

琴平町 旅 琴平花壇 ことひらかたん
C 煙 ♨ ✿

☎0877-75-3232 ¥附2餐18510日圓～ 室和室30、洋室7、和洋室3、別館3 IN15:00 OUT10:00 P有 JR琴平站步行15分 MAP 附錄②C-6
POINT 泡完溫泉後肌膚滑溜滑溜的觸感極佳。

琴平町 旅 ことひら温泉 琴参閣 ことひらおんせんことさんかく
C 煙 ♨

☎0877-75-1000 ¥附2餐12750日圓～ 室和室151、洋室60、和洋室3、附露天浴池的客房11 IN15:00 OUT10:00 P有 JR琴平站步行5分 MAP 附錄②C-6
POINT 位於金刀比羅宮山腳下的溫泉旅館。

土庄町 H リゾートホテルオリビアン小豆島 Resort Hotel Olivean Shodoshima
C 煙 ♨ N

☎0879-65-2311 ¥附2餐12960日圓～ 室和室17、洋室89、和洋室3 IN14:30 OUT11:00 P有 土庄港小豆島橄欖巴士15分，馬越下車步行15分(土庄港有免費接駁巴士，預約制) MAP 附錄①G-1 POINT 眺望夕陽絕景、享受美膚湯的溫泉。

觀音寺市 民 民宿いぶき みんしゅくいぶき

☎0875-29-2162 ¥附2餐8500日圓 室和室2 IN16:00 OUT8:30 P沒有 伊吹港步行25分(伊吹港有免費接駁巴士，預約制) MAP 附錄①E-3 POINT 以伊吹島的鮮魚料理自豪的旅館。老闆是擅長徒手潛水以魚槍獵魚的名人，只會捕獲當日預約份量的魚。

土庄町 旅 ニュー観海本館 天空ホテル海廬 ニューかんかいほんかんてんくうホテルかいろ
C 新 煙 ♨ ✿

☎0879-62-1430 ¥附2餐10000日圓～ 室和室39、洋室7、和洋室4 IN15:00 OUT10:00 P有 土庄港搭乘小豆島巴士15分，銀波浦下車步行3分(從土庄港有免費接駁巴士，預約制) MAP 附錄①G-1 POINT 建於小高丘上、從客房和浴場都能眺望瀨戶內海。設計師房型有5種樣式，晚餐可品嘗以海鮮為主角的創作會席。

土庄町 H 小豆島国際ホテル しょうどしまこくさいホテル
C ♨

☎0879-62-2111 ¥附2餐8500日圓～ 室和室30、和洋室85、其他5 IN15:00 OUT10:00 P有 土庄港計程車5分 MAP 附錄①G-1
POINT 天使之路就在飯店的旁邊。

小豆島町 H ベイリゾートホテル小豆島 ベイリゾートホテルしょうどしま
C 煙 ♨ N

☎0879-82-5000 ¥附2餐11880日圓～ 室和室48、洋室40、和洋室12、其他6 IN15:00 OUT10:00 P有 草壁港計程車10分 MAP 31C-2
POINT 全部客房都是海景房，還有專屬私人海灘。

C 可使用信用卡 新 2010年之後開業或重新裝潢 煙 有禁煙房
♨ 有露天浴池 寬 單人房面積20㎡以上
N 正常的退房時間為11時以後 ✿ 有針對女性顧客的服務
旅 旅館 H 飯店 民 民宿 公 公共住宿 小木屋 歐風小木屋
S：單人房 T：雙床房 W：雙人房

愛媛

以柑橘產地聞名的愛媛縣。
號稱日本最古老名湯的道後溫泉、
綠色與白色美麗對比的四國喀斯特、
還保留昔日街道風情的內子等，
歷史與自然環繞的名勝齊聚。
還有從樸實器皿到新穎圖案一應俱全的砥部燒、
日本第一的毛巾產地——今治的毛巾等，
設計性絕佳的日常用品也不容錯過。

大略地介紹一下
愛媛的基本資訊&交通

以日本最古老溫泉而廣為人知的道後溫泉為首，
還有繁華城下町的松山、保留古城韻味的內子等，
都是不可錯過的歷史景點

收集愛媛縣內的旅遊資訊

首站先到
愛媛愛顏觀光物產館

除了可取得縣內的名勝、溫泉、觀光設施等資訊外，也有販售特產品。就位於松山城的附近。

☎089-961-4501 ⌂松山市大街道3-6-1 ⏲9:00～18:00 休 週三(逢假日則照常營業) P 無 🚌 伊予鐵道市內線大街道下車步行5分 MAP 57D-3

請別搞錯了
松山站？松山市站？

松山市內有JR和伊予鐵道運行其間。以「松山」為名的車站就有好幾個，所以要特別留意。

請注意分辨

・JR的**松山站**
・伊予鐵道市內電車的**松山站前**和**松山市站前**
・伊予鐵道郊外電車的**松山市站**

Check

□於道後溫泉享受泡湯三昧
□選購可愛的砥部燒
□到動物園造訪白熊Peace
□瀨戶內島波海道的慢旅行
□日常使用的今治毛巾

etc…

愛媛縣內交通工具的活用術

松山市內可利用伊予鐵道市內電車

市內的移動搭伊予鐵道市內電車較方便。若要前往道後溫泉還可試試復古的少爺列車（坊っちゃん列車），從JR松山站前（一天3班）和松山市站前（一天10～12班）都可搭乘。

相當划算 若購買1Day車票（400日圓），即可一日內不限次數搭乘全區間的市內電車和3條路線的巴士。

搭JR前往內子

由JR松山站出發時可搭乘予讚線、內子線特急「宇和海」等。內子站到主要觀光景點都可以步行抵達。內子站與八日市・護國地區間還有復古巴士運行（P.71）

開車兜風&騎自行車暢遊瀨戶內島波海道

能邊眺望大海和多島美景的島波海道是很受歡迎的兜風路線。四國側的入口為今治IC或今治北IC。另外，這條海道也開放自行車通行，因此也很推薦租輛自行車（要付費）橫渡。

●租借自行車的洽詢處
治今治市サイクリングターミナル サンライズ糸山
☎0898-41-3196 ⌂今治市砂場町2-8-1 ⏲8:00～20:00（10～3月～17:00） 休 無休（因維修的緣故2月會有5天休館） ¥ 出租自行車(一日)500日圓 P 有
📍展望台入口巴士站即到
MAP 54B-1

從松山到各主要觀光景點的交通方式表

目的地	交通工具	出發地	抵達地	所需時間	車資(單程)
道後溫泉	伊予鐵道	松山站前	道後溫泉站	19分	160日圓
砥部	伊予鐵巴士	松山市前	砥部燒傳統產業會館前	47分	620日圓
內子	JR予讚線・內子線（特急）	松山站	內子站	25分	1980日圓
瀨戶內島波海道	JR予讚線（特急）	松山站	今治站	37分	2160日圓

個性造型的橋樑和
島嶼景色
今治‧瀨戸內島波海道
いまばり‧せとうちしまなみかいどう
P.72
由9座大橋將瀨戸內海的群島相互連結。今治是日本第一的毛巾產地。
瀰漫溫泉風情的
街區
道後
どうご
P.58
除了天下名湯的道後溫泉本館外，也不可錯過泡湯後享用的名物料理。
從江戸到明治時代
繁榮一時的城鎮
內子
うちこ
P.70
利用舊家改成的資料館和餐廳等比鄰而立，飄散著古老的氛圍。
約100間承襲傳統的
陶器窯場
砥部
とべ
P.64
簡樸、堅固的砥部燒之鄉。愛媛縣立砥部動物園也很值得一遊。
尾道
向島IC
向島
廣島縣
因島北IC
因島南IC
因島
生口島
生口島北IC
生口島南IC
大三島IC
大崎上島
大三島
伯方島
伯方島IC
大崎下島
瀨戸內島波海道
大島北IC
大島
大島南IC
斎灘
今治北IC
今治IC
今治
今治毛巾 P.74
今治小松自動車道
今治湯ノ浦IC
今治市
道後溫泉本館 P.58
道後溫泉宿 P.82
中島
坂上之雲博物館
松山市 P.80
高浜
伊予鐵道高浜線
松山機場
城山公園 P.80
松山
松山市
松山IC
川內IC
東溫市
横河原
伊予市
松山自動車道
伊予IC
砥部燒 P.64
久万高原町
伊予長浜
P.71
伊予灘
內子座
內子
內子町
伊予大洲
大洲IC
內子五十崎IC
大洲市
大洲北只IC
八幡浜
八幡浜市
佐田岬半島
大洲紅磚館 P.81
四國喀斯特 P.68
佐田岬燈塔 P.81
卯之町
西予市
西予宇和IC
愛媛縣歷史文化博物館 P.81
法花津湾
三間IC
宇和島北IC
宇和島
宇和島湾
宇和島市
滑床溪谷 P.69
江川崎
愛南町
內海
水中展望船ユメカイナ P.81
新居浜港
新居浜市
予讃線
新居浜
伊予西条
東予丹原IC
いよ小松北IC
いよ西条IC
新居浜IC
いよ小松Jct
いよ小松IC
西条市
マイントピア別子 P.81
伊予三島
川之江Jct
三島川之江IC
土居IC
霧之森 P.81
川之江東Jct
新宮IC
四國中央市
高知自動車道

今治·島波海道
正上方為北方
周邊圖▶附錄①C-3
0
2km
1:130,000
瀨戶內海
塔ノ峰
波方港
P.73 道之站よしうみいきいき館
中部砲台跡
南部砲台跡
大島北IC
大島南IC
下田水
下田水港
風無
P.73
亀老山展望公園
亀老山
水場
瀬戸内島波海道
(西瀬戸自動車道)
南浦漁港
海宿千年松P.86
来島瀬戸
波止浜港
海山
海山城公園
波方公園
波方港入口
小部漁港
今治市サイクリング
ターミナル サンライズ糸山 P.52
来島海峡SA
大浜漁港
今治北IC
協和汽船(下田水~今治)
芸予汽船(岡村~今治)
斎灘
沢池
支所前
波方站
波止濱站
近見山
花木山
コンテックス
タオルガーデンP.75·79
延喜公園
大新田公園
南光坊55
一笑堂P.78
世渡P.76
吹揚公園
今治港
今治城
テクスポート今治 P.75
蒼社川
いまばりタオルブティック P.78
大西中前
大西站
延命寺54
大池
宅間
今治明徳短大
神宮
今治站
駐在所前
松山
山之内橋
藤山健康文化公園
のまうま
ハイランド
今治IC
市民の森
今治市
片山
泰山寺56
鳥生
燧灘
今治バイパス
八町西5
徳久
喜田村
重茂山
武田屋八幡饅頭
伊予富田站
鴨部橋西
コスモオサム
松木
今治交通公園
蒼社川
唐子浜
栄福寺57
唐子浜海水浴場
高市
国分寺59
玉川総合公園
支所前
大塚池
鹿ノ子池公園
鹿ノ子池
予讃線
志島海水浴場
桜井
仙遊寺58
牛神古墳公園
霊仙山
伊予櫻井站
沖浦
周桑今治広域農道
出店
長沢
伊予桜井漆器会館P.79
緑のふるさと公園
窓の峠
支所前
ケーオーホテル P.85
松山
玉川湖
奈良之木
道の駅今治湯ノ浦温泉
今治湯ノ浦IC
孫兵衛作
楠窪
玉川
内ヶ畑
桜井海水浴場
笠松山
世田山
古屋之谷
さやの峠
水の上
白地
山越
世田城跡
河原津海水浴場
丸山
浅地
六軒家
河原津漁港
今治小松自動車道
木地川
P.75 タオル美術館ICHIHIRO
周越ドライブイン
千疋のサクラ
東予運動公園
椎ノ木越
竜門山
大明神池
伊予三芳站
高須
高田
高須公園
五葉が森
西条市
大黒山
いよ小松Jct
伊予西条站

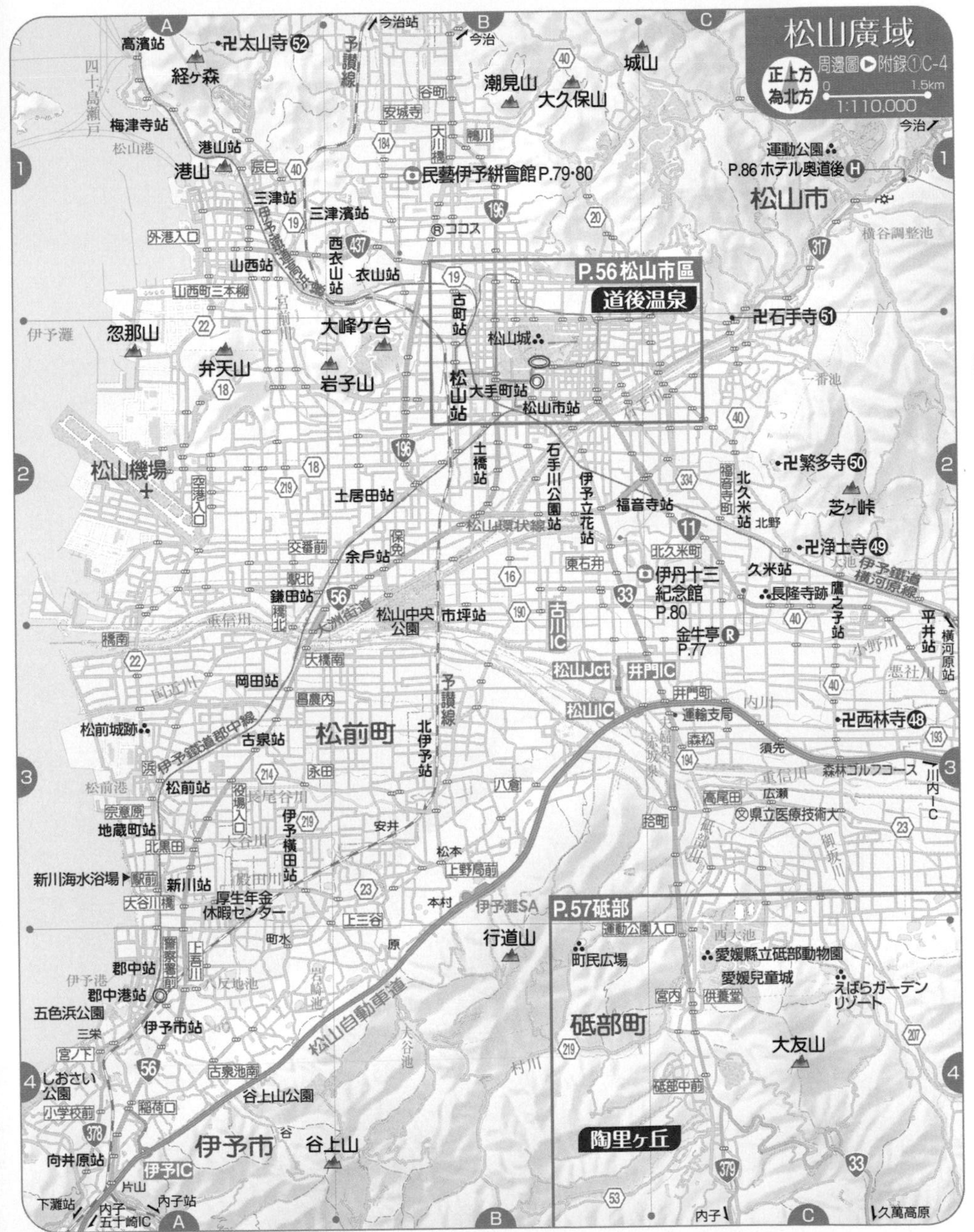

松山廣域
周邊圖▶附錄①C-4
正上方為北方
0
1.5km
1:110,000
高濱站
太山寺 52
經ヶ森
梅津寺站
港山站
港山
三津站
三津濱站
山西站
西衣山站
衣山站
忽那山
弁天山
大峰ケ台
岩子山
松山機場
潮見山
大久保山
城山
民藝伊予絣會館 P.79・80
運動公園
P.86 ホテル奥道後
松山市
橫谷調整池
P.56 松山市區
道後温泉
石手寺 51
古町站
松山城
松山站
大手町站
松山市站
繁多寺 50
芝ヶ峠
土橋站
石手川公園站
伊予立花站
福音寺站
北久米站
土居田站
余戸站
淨土寺 49
久米站
長隆寺跡
鷹之子站
伊丹十三紀念館 P.80
金牛亭 P.77
平井站
橫河原站
鎌田站
松山中央公園
市坪站
古川IC
松山Jct
井門IC
松山IC
運輸支局
西林寺 48
岡田站
松前城跡
古泉站
松前町
北伊予站
松前站
地藏町站
伊予横田站
新川海水浴場
新川站
厚生年金休暇センター
森林ゴルフコース
川内IC
県立医療技術大
伊予灘SA
P.57砥部
行道山
運動公園入口
町民広場
愛媛縣立砥部動物園
愛媛兒童城
えばらガーデンリゾート
砥部町
大友山
郡中站
郡中港站
五色浜公園
伊予市站
しおさい公園
谷上山公園
伊予市
谷上山
陶里ヶ丘
向井原站
伊予IC
下灘站
内子
五十崎IC
内子站
久萬高原
今治站
今治
予讃線
伊予鐵道横河原線
伊予鐵道郡中線
松山自動車道
大洲街道

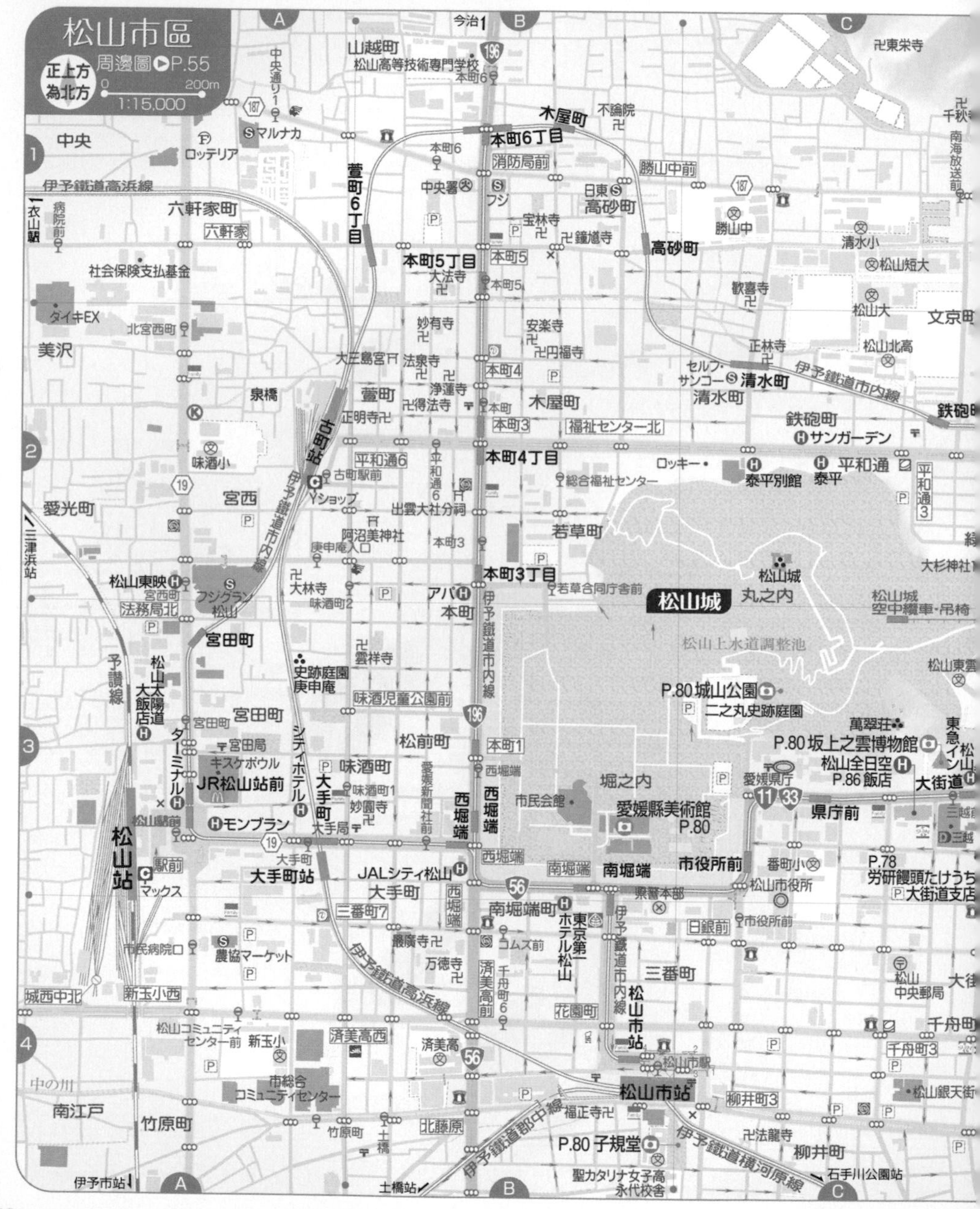
松山市區
周邊圖 P.55
正上方為北方
0 200m
1:15,000
中央
ロッテリア
マルナカ
山越町
松山高等技術専門学校
本町6
伊予鐵道高濱線
六軒家町
六軒家
衣山駅
社会保険支払基金
ダイキEX
北宮西町
美沢
泉橋
味酒小
宮西
愛光町
三津浜站
松山東映
フジグラン松山
法務局北
宮田町
予讃線
松山太陽道飯店
宮田町
ターミナル
宮田局
キスケボウル
JR松山站前
モンブラン
松山駅前
松山站
駅前
マックス
市民病院口
農協マーケット
城西中北
新玉小西
松山コミュニティセンター前
新玉小
市総合コミュニティセンター
中の川
南江戸
竹原町
伊予市站
木屋町
本町6丁目
萱町6丁目
中央署
フジ
消防局前
本町5丁目
大法寺
本町5
妙有寺
大三島宮
法泉寺
萱町
浄蓮寺
得法寺
正明寺
古町站
古町駅前
平和通6
Yショップ
出雲大社分祠
阿沼美神社
庚申庵入口
大林寺
味酒町2
雲祥寺
史跡庭園庚申庵
味酒児童公園前
シティホテル
味酒町
大手町
味酒町1
妙園寺
大手局
大手町
大手町站
JALシティ松山
大手町
三番町7
嚴廣寺
万徳寺
伊予鐵道高濱線
済美高西
済美高
北藤原
竹原町
土橋
土橋站
松前町
愛媛新聞社前
西堀端
西堀端
本町1
西堀端
南堀端町
済美高前
千舟町6
伊予鐵道市内線
本町4
本町3
平和通6
本町3
アパ
本町
本町4丁目
本町3丁目
不論院
勝山中前
日東
高砂町
宝林寺
鐘馗寺
高砂町
安楽寺
円福寺
木屋町
福祉センター北
総合福祉センター
若草町
若草合同庁舎前
ロッキー
泰平別館
泰平
平和通
平和通3
歓喜寺
正林寺
セルフ・サンコー
清水町
清水町
伊予鐵道市内線
鉄砲町
サンガーデン
勝山中
清水小
松山短大
松山大
文京町
松山北高
東栄寺
千秋寺
南海放送前
松山城
丸之内
松山城
松山上水道調整池
松山城空中纜車・吊椅
大杉神社
松山東雲
P.80 城山公園
二之丸史跡庭園
萬翠莊
P.80 坂上之雲博物館
松山全日空
P.86 飯店
愛媛県庁
堀之内
市民会館
愛媛縣美術館
P.80
県庁前
大街道
三越
東急イン松山
南堀端
南堀端
市役所前
県警本部
番町小
松山市役所
P.78
労研饅頭たけうち
大街道支店
東京第一ホテル松山
コムズ前
日銀前
市役所前
三番町
花園町
伊予鐵道市内線
松山市站
松山市駅
松山市站
柳井町3
福正寺
伊予鐵道郡中線
P.80 子規堂
聖カタリナ女子高
永代校舎
伊予鐵道横河原線
法龍寺
柳井町
石手川公園站
松山中央郵局
千舟町
千舟町3
大街道
松山銀天街
今治

道後温泉
えひめ果実倶楽部 みかんの木 ハイカラ通り店 P.60·78
道後玻璃美術館P.61
OLD ENGLAND DOGO YAMANOTE HOTEL P.83
椿館
道後麦酒館P.62
大和屋本店P.82
花ゆづき
葛城
道後温泉本館P.58
道後夢蔵 旅庵 浪六P.86
茶玻瑠P.86
伊予のご馳走おいでん家 P.62
道後 湯の宿 さち家 P.86
放生園P.60
あたたかい宿 谷屋P.83
P.60つぼや菓子舗
P.86大和屋別荘
P.61六時屋 道後店
P.79四国物産館 十五万石
P.63 Nagai Coffee
P.62にきたつ庵
セキ美術館
P.63道後の町屋
P.63カフェドなも
P.78 玉泉堂本舗
P.61 竹屋
市立子規記念博物館
道後公園
松山市
道後プリンスホテル P.86
KKR道後ゆづき
P.79 一六本舗勝山本店
愛媛愛顔観光物産館P.52
MADO DINING えん家
チェックイン松山 P.86
愛媛縣立砥部動物園 P.66
愛媛兒童城
えばらガーデンリゾート
八坂寺
浄瑠璃寺
ミュゼ里山房P.65
とべ温泉 湯砥里館
大友山
砥部町
P.65東窯
P.64 トークギャラリー紫音
P.78元晴窯
陶里ヶ丘
P.65生石窯
砥部焼観光中心 炎之里P.80
砥部町陶藝創作館P.65
P.65 梅野精陶所
砥部
周邊圖 P.55
正上方為北方
1:60,000

道後溫泉本館
泡湯迷宮

道後溫泉本館是擁有3000年自豪歷史之道後溫泉的中心公眾浴場。
一踏入還保留明治時代風貌的館內，彷彿就像座迷宮一般。
享受泡湯之餘、還可順便探險呢。

在開放為公共浴場的重要文化財道後溫泉入浴

1894（明治27）年興建的木造三層樓公眾浴場，是首間登錄為重要文化財的公眾浴場。錯綜複雜的館內有「神之湯」、「靈之湯」2種浴池。入浴行程有搭配大廳或個室休息室等4種選擇。除了溫泉外，還可參觀夏目漱石下榻過的「少爺間」等景點。

皇室專用浴室「又新殿」。參觀費250日圓

據說夏目漱石也休息過的「坊っちゃんの間」

介紹往昔入浴券木牌等的展示室

道後温泉本館 ‖道後‖ どうごおんせんほんかん

☎089-921-5141 ⌂松山市道後湯之町5-6
休 無休（12月會有1天臨時公休）P 有
🚉 伊予鐵道道後溫泉站步行5分 MAP 57F-1

道後溫泉本館是直接汲取源泉的溫泉

道後溫泉本館的溫泉是可讓肌膚光滑柔嫩的鹼性單純溫泉，汲取自無色透明的源泉。

神之湯一樓

僅可利用神之湯，像是泡錢湯般的便宜入浴行程。照片中為男湯東浴池。

¥400日圓（1小時以內）
🕒6:00～23:00
（售票～22:30）

神之湯二樓席

可利用神之湯和2樓大廳休息室，附浴衣和茶點。

¥800日圓（1小時以內）
🕒6:00～22:00
（售票～21:00）

靈之湯二樓席

可利用神之湯和靈之湯的浴池以及2樓的專用休憩室，附浴衣和茶點。照片中為男湯浴池。

¥1200日圓（1小時以內）
🕒6:00～22:00
（售票～21:00）

靈之湯三樓個室

可利用神之湯和靈之湯的浴池以及3樓的個室休憩室，附浴衣和茶點。

¥1500日圓（1小時20分以內）🕒6:00～22:00
（售票～20:40）

館內的販賣部有販售毛巾、團扇等原創道後溫泉商品，可買來當作旅行的紀念。

泡個暖呼呼的溫泉後 前往道後 湯之町恣意漫步

在明治時代就有的公眾浴場道後溫泉本館暖和身子後，
前往通稱為「Haikara通」的商店街。
將自己完全沉浸在溫泉風情中隨意散步閒逛。

愛媛柑橘霜淇淋
（300日圓）

うまいがぜ
伊方みかん
（200mℓ 230日圓）

整個繞上一圈

1小時

建議出遊Time
17:00-21:00

道後溫泉街的景點，集中在從道後溫泉站開始的徒步圈內。商店街的店家都營業至晚上10時左右，所以泡湯後還可享受閒逛伴手禮店的樂趣。

A えひめ果実倶楽部 みかんの木 ハイカラ通り店

えひめかじつくらぶみかんのきハイカラどおりてん

豐富多樣的愛媛柑橘商品

能品嘗添加愛媛特產柑橘果汁的霜淇淋，還有えひめ果実倶楽部原創的柑橘果汁。

伴手禮店 ☎089-941-6037 ⌂松山市道後湯之町20-22 ⏰8:30～21:45 休無休 P無 🚉伊予鐵道道後溫泉站步行3分 MAP 57F-1

道後
玻璃美術館

Aえひめ果実倶楽部
みかんの木 ハイカラ通り店
C六時屋 道後店
Bつぼや菓子舗
道後の町屋
P.63
熟田津之路
にきたつ庵
P.62
Nagai Coffee
P63
道後商店街
カフェドなも
P.63
道後溫泉站
伊予鐵道市內線
道後公園站

B つぼや菓子舗 つぼやかしほ

若要買少爺糰子就來這兒

夏目漱石的小說『少爺』中登場的糰子屋就是這家老鋪。求肥裹上紅豆、雞蛋、抹茶餡的「少爺糰子」為招牌商品。

和菓子店 ☎089-921-2227 ⌂松山市道後湯之町14-23 ⏰9:30～18:00、20:00～21:30 休週二（逢假日則翌日休）P無 🚉伊予鐵道道後溫泉站即到 MAP 57E-1

甜度適中的糰子串
5支540日圓

坐上人力車
遊遊湯之町

獨特機關鐘的報時表演

放生園 ほうじょうえん

矗立著道後溫泉的象徵機關鐘的廣場。8時～22時每隔1小時就會鳴鐘，並從時鐘內跑出少爺等角色人偶的表演。時鐘的旁邊有免費的足湯。

名勝 ☎089-948-6556（松山市觀光、國際交流課）⌂松山市道後湯之町 道後溫泉駅前 ⏰自由入園 P無 🚉伊予鐵道道後溫泉站下車即到 MAP 57F-1

可於上午6時到晚上11時期間利用

『少爺』角色人偶的登場時間約3分

冰涼的柑橘果汁最適合泡湯後享用

一到傍晚偶而可見穿著浴衣的觀光客身影

最中冰淇淋
（1個）100日圓

C 六時屋 道後店

ろくじやどうごてん

泡湯後最想吃的最中冰淇淋

店頭有販售以糯米烘烤成的酥脆最中外皮、內餡包滿香草冰淇淋的最中冰淇淋。店內還陳列著蛋塔和蛋糕等其他銘菓。

和菓子店 ☎089-943-6060 ⌂松山市道後湯之町14-22 ⏰9:00～21:30 休 週三 P 無 🚉伊予鐵道道後溫泉站下車即到 MAP 57E-1

足湯天堂

道後溫泉有放生園和其他10處的足湯．手湯，均為免費。可前往道後觀光服務處索取足湯．手湯地圖，來趟巡訪足湯之旅。

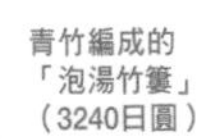

青竹編成的
「泡湯竹簍」
（3240日圓）

D 竹屋 たけや

可長久使用的典雅竹籠

販售以純手工細心編織、簡樸風格的竹製品。有泡溫泉時方便使用的竹簍、實用的花籃，以及放筷子或便當盒等的生活雜貨。

民藝店 ☎089-921-5055 ⌂松山市道後湯之町6-15 ⏰10:00～22:00 休 週二（逢假日則照常營業）P 無 🚉伊予鐵道道後溫泉站下車即到 MAP 57E-1

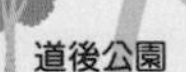

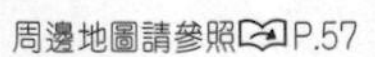

周邊地圖請參照 P.57

可接觸玻璃工藝之美的美術館

道後玻璃美術館

どうごぎやまんガラスびじゅつかん

展示江戶、明治、大正時代製作稀有玻璃工藝品的美術館。日落後庭園會點上燈裝飾，營造出如夢似幻的氛圍。

美術館
☎089-933-3637
⌂松山市道後鷺谷町459-1 ⏰9:00～21:30
休 無休 ¥ 門票600日圓
P 有 🚉伊予鐵道道後溫泉站步行7分 MAP 57F-1

以紅色和黑色為基調的現代風格展示室

夢幻般的庭園旁還附設了咖啡餐廳

與『少爺』有淵源背景的つぼや菓子鋪

可一望湯之町夕陽景色的空中散步道

傍晚時分的放生園

熱鬧的道後溫泉街入口

從商店街途中往西延伸的道後熟田津之路，是條約200m的石板道。

在擁有眾多「美食」的道後品嘗佳餚、地酒、喝杯咖啡

道後溫泉的商店街一帶，
散布著以特產料理著稱的餐廳、可度過安靜時光的咖啡廳。
盡情享受道後的「美食」吧。

季節食材優雅地裝盛在木桶內
酒廠直營的日本料理店

にきたつ庵

にきたつあん

由道後的老字號酒廠水口酒造所經營的餐廳。可享用使用愛媛當季食材、漂亮擺盤的桶裝料理，以及與料理搭配、該酒廠釀造的地酒和啤酒。附設商店。

（上）にきたつ膳（2625日圓）
（下）位於道後熱田津之路旁

和食餐廳 ☎089-924-6617
住松山市道後喜多町3-18
🕐11:00～20:30（14:00～17:00僅咖啡廳營業）休週一（逢假日則翌日休）P有
🚉伊予鐵道道後溫泉站步行5分 MAP 57E-1

道後美水（1瓶735日圓）於旁邊的にきたつ藏部販售。

暢飲地啤酒與
下酒菜般的鄉土料理

道後麦酒館

どうごばくしゅかん

道後溫泉本館對面的酒吧，很方便泡湯後前往喝一杯。從啤酒工廠直送的地啤酒和道後藏酒、道後Fizz等多樣酒款。還有使用伊予地雞、雜魚天麩羅入菜的下酒佳餚。

（上）道後啤酒（470日圓）和伊予地雞烤雞皮（550日圓）等（下）流瀉著爵士樂的別緻小店

居酒屋 ☎089-945-6866
住松山市道後湯之町20-13 🕐11:00～21:30
休無休 P無
🚉伊予鐵道道後溫泉站步行5分 MAP 57F-1

地啤酒情報

有「Kolsch」、「Alt」、「Stout」以及擁有水果香氣的「Weizen」等4種類。

可點定食或單品料理
品嘗鮮度滿點的天然魚貝

伊予のご馳走おいでん家

いよのごちそうおいでんか

由當地鮮魚店直營的和食餐廳。使用市場直送、鮮度極佳的野生魚烹調的料理是招牌菜。除了生魚片定食、天麩羅定食外，附道後溫泉本館入浴券的湯上がり昼御膳（1700日圓～）也很推薦。

（上）三津早市生魚片定食（1100日圓）
（下）均為和室座席的店內

居酒屋 ☎089-931-6161 住松山市道後湯之町13-23
🕐11:30～13:45、17:30～22:00（週六日、假日為11:30～14:30、17:00～22:00）休無休 P無 🚉伊予鐵道道後溫泉站步行3分 MAP 57F-1

午餐情報

生魚片定食、天麩羅定食中會附小缽、白飯、魚骨味噌湯。

買道後啤酒當伴手禮

慢慢熟成釀造的地啤酒，有Kolsch、Alt、Stout、Weizen等4種類。にきたつ藏部和伴手禮店均有販售，每瓶各546日圓（330mℓ）。

獨創的菜單與
幽默風格的室內設計

カフェドなも

開店已餘23年、商店街上的咖啡廳。從章魚飯、香料飯等主餐到甜點，有許多使用愛媛特產的豐富菜色。店頭的有趣裝飾為明顯標誌。

（上）內夾醬油調味雜魚天麩羅的天麩羅三明治（525日圓）（下）以獨特家具統一風格的店內

咖啡廳
☎089-943-9721
松山市道後湯之町12-29 9:30～20:00 休每月有1次不定休 P無 伊予鐵道道後溫泉站下車即到 MAP 57E-1

添加大量黑糖的なも餡蜜（630日圓）

待在舒適的懷舊空間
享受悠閒的咖啡時光

道後の町屋

どうごのまちや

由大正時代的町家改建而成的咖啡廳。如鰻魚巢穴般的細長形店內，設有桌椅席和榻榻米席。可以吃到使用自製麵包的漢堡和三明治、無添加的蛋糕。

（上）自家製蛋糕和卡布奇諾的套餐（800日圓）（下）可眺望坪庭的榻榻米席

咖啡廳 ☎089-986-8886
松山市道後湯之町14-26 11:00～19:00 休週二、第3週三（逢假日則翌日休）P無 伊予鐵道道後溫泉站即到 MAP 57E-1

炸魚板漢堡（飲料費+450日圓）

香醇濃郁的咖啡
每天喝也不會膩

Nagai Coffee

ナガイコーヒー

位於道後熟田津之路上，只有15個座位的小型咖啡專門店。擁有約30年經驗的老闆，採用自家烘焙的咖啡豆並以法蘭絨濾布沖泡咖啡。特調綜合咖啡有5種口味。

（上）苦味中帶點甜味和酸味的芳醇咖啡（500日圓）（下）由原本閒置的町家改建而成

咖啡廳
☎090-1006-3165
松山市道後湯之町11-19 10:00～23:30 休不定休 P無 伊予鐵道道後溫泉站即到 MAP 57E-1

咖啡豆的販售200g 1100日圓～

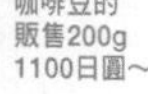

巡訪砥部燒的窯坊 找出自己喜歡的款式

陶瓷之鄉砥部町內有約100間的窯坊。
在遊逛景點、咖啡廳、體驗設施等之餘，
還可順便造訪各窯坊尋找美麗的器皿。

器皿上描繪大量圖案的東窯作品

砥部燒就是這種感覺

特徵

具透明感、有厚度的白瓷，描繪上藍色圖案的簡樸氛圍。由於堅固耐用，所以常作為日常器皿使用。

以蔓草花紋廣為人知的梅山窯

年輕＆個性派作家活躍

淺色調的東窯瓷器

近年來，追求色彩和新穎花紋的陶瓷作家相當吸睛。個性派作家聚集的窯業住宅區陶里之丘也很值得前往參觀。

整個繞上一圈

3小時

建議出遊Time
11:00-16:00

在集合了約60間窯坊作品的砥部燒傳統產業會館內，先找出自己有興趣的作品再前往該窯坊造訪。另外，在會館等場所可免費索取的散步MAP，是巡訪窯坊時的有力資訊。

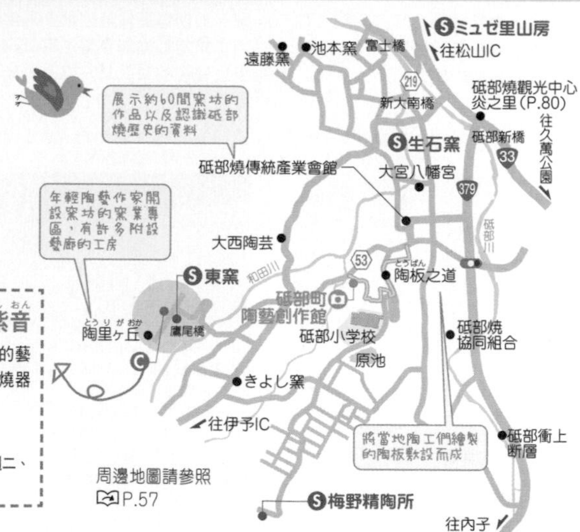

周邊地圖請參照 P.57

咖啡廳

トークギャラリー紫音

位於陶里之丘內、天然木造的藝廊兼咖啡廳。可感受以砥部燒器皿裝盛蛋糕套餐等的樂趣。

蛋糕套餐（飲料費+250日圓）

☎089-962-7674 砥部町五本松885-13 10:00~17:30 休週二、第3週三(逢假日則翌日休) P有 松山IC車程10km MAP 57E-4

大型販賣所也很值得一逛

如果沒有慢慢參觀各家窯坊的時間，則前往大型販賣部砥部焼観光センター 炎の里也是個不錯的方法。P.80

梅野精陶所

うめのせいとうしょ

1882（明治15）年創業的老鋪，以創作出砥部燒代表圖案的唐草紋而聞名。可以參觀製作過程，還能購買販售所內陳列的多彩多姿的樣商品。

☎089-962-2311 砥部町大南1441 8:05～16:50 休週一 P有 松山IC車程10km MAP 57E-4

窯名為「梅山窯」。深底小杯（972日圓）等

東窯 ひがしがま

此窯是由菲律賓裔的Ohigashi Alyne，在陶里之丘開設的工房兼藝廊。以約20種顏色的染料描繪上色，色彩豐富的作風吸引許多愛好者。

☎089-962-7156 砥部町五本松885-21 10:30～18:00 休無休 P有 松山IC車程10km MAP 57E-4

大盤15750日圓、中盤6300日圓、碗盤4200日圓

ミュゼ里山房

ミュゼさとさんぼう

將櫻花、梅花等鄉里山林綻放的花卉以細緻筆觸描繪的作品為其特色。建築物的2樓是藝廊，1樓是可使用砥部燒器皿品嘗咖啡的咖啡廳和商店。

☎089-962-3208 砥部町宮内980 10:00～17:00 休週四 P有 松山IC車程6km MAP 57E-3

造型獨特的附腳缽6000日圓、瓷杯3500日圓等

生石窯 いくしがま

由自宅的一部分改裝成的窯坊。以描繪格子和幾何學圖案等花色的陶板組合而成的「拼貼」技法，創造獨樹一格的作風。

☎089-962-6003 砥部町北川毛618 9:00左右～17:00左右(請洽詢) 休不定休 P有 松山IC車程9km MAP 57E-4

器皿的內緣和外側都有圖案的注嘴杯（10000日圓）與飯碗（5000日圓）

有趣的彩繪體驗

1. 先挑選器皿

可從平盤或杯子等約100種類的素陶器中挑選自己喜歡的器皿。

2. 開始描繪上色

邊接受老師指導邊塗上喜歡的圖案。所需時間30～60分。

3. 完成

燒好後的完成品，2～3星期後即可宅配到家。

體驗場所在這裡

砥部町陶芸創作館（とべちょうとうげいそうさくかん）

☎089-962-6145
砥部町五本松82
9:00～17:00 休週四(逢假日則翌日休)
¥彩繪體驗300日圓～(運送費另計) P有
松山IC車程9km
MAP 57E-4

也有很多是自宅兼工房的窯坊，所以沒有附設藝廊的地方最好事前電話聯絡為佳。

動物療癒
@愛媛縣立砥部動物園

日本第一次由人工成功哺育的北極熊PEACE，
以及非洲象的幼象媛將等等。
就去有許多療癒人心明星的動物園走走吧。

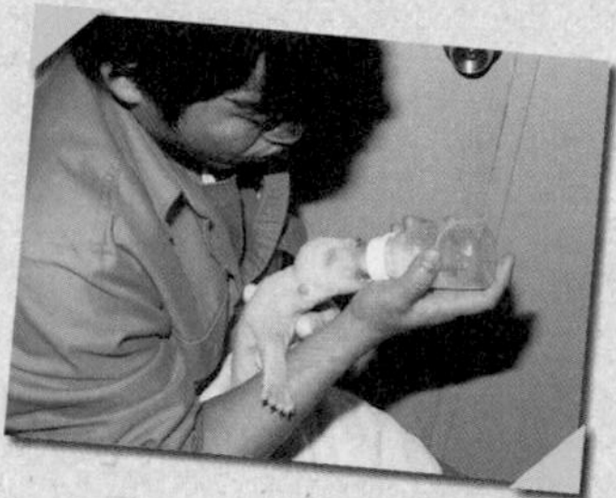

出生的4天後的PEACE，正大口地吸吮著牛奶。

剛離乳時的體重為11kg以上，已經會自己走了。

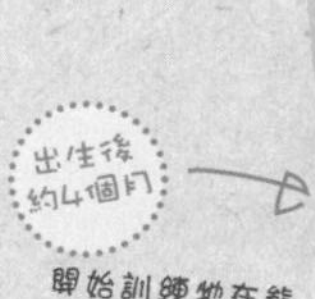

開始訓練牠在熊舍過夜，第一天哭了整晚。

已經完全長大的PEACE。
3歲時體重已達200kg以上。

PEACE Profile

Zzz…

●北極熊　●性別 雌
●1999年12月2日於砥部動物園出生
●體重（推算）300kg ●身高（推算）200cm

由於母熊無法餵養而由飼育員高市先生替代母職進行人工哺育。經過電視台等媒體報導後，一度成為熱門話題。雖患有癲癇卻依舊生命力旺盛的PEACE，吸引了全國眾多的粉絲。

一天的作息

5:30…起床
8:00…吃營養保健食品
11:00…點心（固體飼料・蘋果）
13:00…點心（蘋果2個）
13:00～15:30…游泳時間
16:30…用餐（雞肉・香腸）
19:00…吃藥・就寢

帶便當去野餐吧

綠意環繞的園內，到處都有休憩空間和長椅。在晴空下吃著美味的便當午餐也是不錯的選擇。

愛媛縣立砥部動物園是這樣的地方

面積廣大的園內有約160種、750隻動物。園內由大象STREET、猴子TOWN等10個區域構成，沿著各街區走即可一路觀察來自全世界的動物。還有可近距離接觸動物的活動以及開放參觀動物寶寶。

愛媛縣立砥部動物園
えひめけんりつとべどうぶつえん

☎089-962-6000 砥部町上原町240
9:00～16:30 休 週一（逢假日則開園）
¥ 入園費450日圓（持年間護照1500日圓者可於一年內不限次數入園）
伊予鐵道松山市站伊予鐵巴士30分，砥部動物園前下車即到
P 有 MAP 57E-3

還有很多很多可愛的動物喲

河馬ユイ

2011年7月誕生的女生，早上多會跟著媽媽到外頭散步。

小爪水獺 拉斯克 ラスク

出生在2013年7月的男生。每天13:30左右會有餵食哦。

小熊貓 優希

2013年7月出生的男孩子。精力十足地在運動場上玩耍著哦。

非洲象 媛ちゃん和砥愛ちゃん

媛ちゃん的妹妹砥愛ちゃん在2013年6月出生囉。

多采多姿的園內商品

PEACE蝦餅 600日圓

白熊PEACE資料夾 250日圓

獨創Peace的絨毛玩偶1100日圓

留意動物園舉辦活動的場次時間

●老虎午餐時間

老虎會走到自己面前咬食肉塊的驚心動魄體驗。

第2、4週六 13:45～販售號碼牌（200日圓、前30名）

近距離體驗餵食老虎

●長頸鹿眼睛大接近

上到長頸鹿的寢室（2F），即可近距離看到總是只能由下往上仰望的臉龐。

週日14:30～，（前50名）

迎面而來的圓滾滾大眼睛

●河馬午餐

可進到平常無法入內的河馬房舍體驗餵食，河馬會走近並張開驚人的大嘴巴。

週六日、假日 13:15～販售號碼牌（飼料費200日圓、前25名）

這般河馬表情應該很難有機會看到吧？

※有時活動會因為動物的身體狀況而中止，請於當日電話確認。

四國喀斯特＆滑床溪谷 2天1夜的慢活駕車之旅

高原度假勝地的四國喀斯特以及
位於深山裡的滑床溪谷，都是愛媛的代表性自然景觀。
來一趟親近大自然、2天1夜的慢活駕車之旅吧。

第1天

漫步Therapy Road
讓身心煥然一新

景緻悠然的姬鶴平（めつるだいら）

感受高原上的
清風吹拂

❶ 四國喀斯特 しこくカルスト

遇見壯觀的牧歌風景

四國喀斯特名列日本三大喀斯特地形之一。位於愛媛與高知縣境、東西約25km的遼闊大地上，可開車兜風或健行享受悠然時光。

風景名勝 ☎無 ⌂愛媛県久万高原町、高知県津野町・梼原町 Ⓟ無 🚗大洲IC到姬鶴平車程70km MAP 附錄①C-5

❷ 小馬牧場 ポニーぼくじょう

近距離接觸可愛動物

位於四國喀斯特西端大野原的觀光牧場，可和小馬等約10種類的小動物遊玩。

還可餵食飼料

觀光牧場 ☎0894-76-0230（カフェもみの木） ⌂西予市野村町大野ヶ原210 ⏲9:30～17:00 休不定休（雨天、積雪時休） ¥門票100日圓 Ⓟ有 🚗松山IC車程80km MAP 附錄①C-5

❸ カフェもみの木

カフェもみのき

以現擠牛奶製作的甜點

與小馬牧場鄰接的咖啡廳，可享用以現擠牛奶製成的甜點等。

自家製乳酪蛋糕（380日圓）等

咖啡廳 ☎0894-76-0230 ⌂西予市野村町大野ヶ原210 休不定休 Ⓟ有 🚗松山IC車程80km MAP 附錄①C-5

第1天

第2天

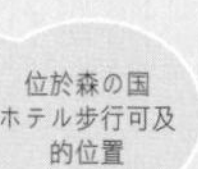

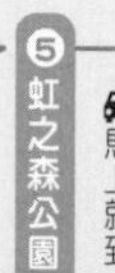

森の国ぽっぽ温泉是這樣的溫泉

泉質：鈉碳酸氫鈉泉、鈉食鹽冷礦泉（低滲透壓、鹼性、冷礦泉） 效用：神經痛、肌肉痛、撞傷、扭傷、手腳冰冷、恢復疲勞、增進健康、切割傷、燙傷、慢性皮膚病等

第2天

可在清澈的雪輪瀑布玩水嬉戲

⑤ 虹之森公園

にじのもりこうえん

可享多樣樂趣的觀光據點

松野町觀光據點的公路休息站，設有淡水魚水族館、玻璃工房、物產品販賣所等設施。

位於國道381號沿線上

複合設施 ☎0895-20-5006 ⌂松野町延野々1510-1
🕒10:00～17:00 休 週三(假日、黃金週、春、冬休假期間，7、8月照常營業) ¥ 水族館門票900日圓 P 有
🚗三間IC車程15km MAP 附錄①C-6

⑥ 森之國溫泉

もりのくにぽっぽおんせん

JR松丸站內的溫泉

有以滑床溪谷為主題的岩浴池「滑床之湯」，以及備有復古樽浴池・釜浴池的「明治之湯」。

明治之湯的露天樽浴池

溫泉設施 ☎0895-20-5526 ⌂松野町松丸1661-13
🕒10:00～21:30 休 第2週一(逢假日則翌日休) ¥ 入浴費500日圓
P 有 🚗三間IC車程15km MAP 附錄①C-6

④ 滑床溪谷 なめとこけいこく

山谷間的美麗溪谷讓人感動

四萬十川的支流、目黑川一帶綿延12km的大溪谷。受到侵蝕形成的平滑川床為其特徵，千疊敷、出合滑和入選日本瀑布100選的雪輪瀑布都是不可錯過的景觀。

風景名勝 ☎0895-43-0331(森の国ホテル) ⌂宇和島市野川～松野町目黒 P 有 🚗三間IC車程30km MAP 附錄①B-6

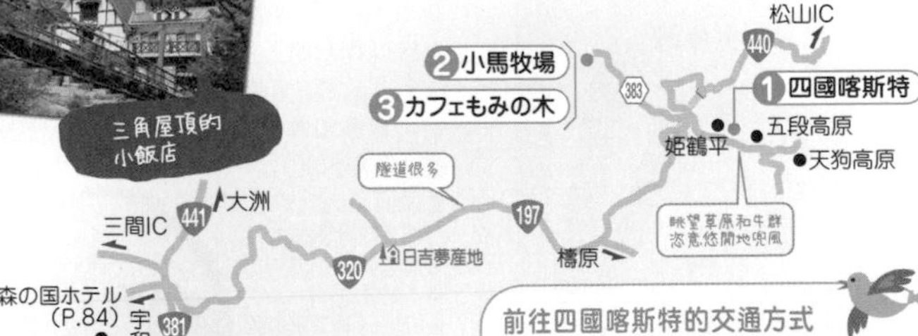

周邊地圖請參照 附錄①C-5·6

前往四國喀斯特的交通方式

搭電車和巴士不太方便，所以最好開車前往。從松山市內到最初的目的地四國喀斯特走國道33號・440號，約需2小時。

尋求工匠製作的珍品 遊逛内子的購物之旅

從江戶到明治時代，因生產和紙和木蠟而繁榮的內子町。
在殘留古老宅邸和風情的靜謐小鎮上，
與工匠純手工精心完成的傳統製品相遇。

1

3

2

4

5

6

大森和蝋燭屋
おおもりわろうそくや

江戶時代承襲至今的傳統蠟燭

擁有200年以上歷史的和蠟燭屋。反覆將木蠟塗上燭芯的技法，目前已傳承至第6代。可自由參觀製作的過程。

和蠟燭
1支315日圓～

☎0893-43-0385 內子町內子2214 ⏲9:00～17:00
休 週二、五
P 無 🚉JR內子站步行15分 MAP 附錄①B-5

自在鋼房 じざいこうぼう

現代和風的手製室內裝飾

為鐵製燭台的工房。第3代當家所製作的作品於2樓的藝廊有展示販售，還可參觀和體驗鍛冶作業（3000日圓～，預約制）。

☎0893-44-3310
內子町內子3572
⏲10:00～17:00
休 不定休 P 有
🚉JR內子站下車即到
MAP 附錄①B-5

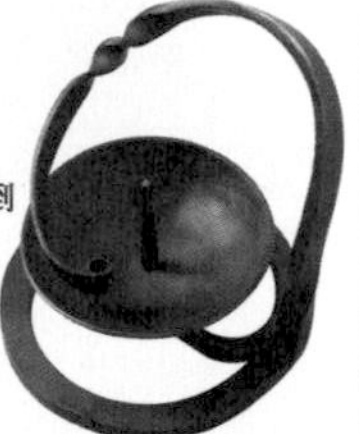

蠟燭、線香台
3780日圓

長生民芸店
ながいけみんげいてん

手工製作的棕櫚掃帚

販售棕櫚掃帚、竹製風車等復古手工製民藝品的商店。榮獲愛媛縣知事獎的棕櫚掃帚，也有17公分的迷你尺寸，極受歡迎。

棕櫚掃帚
70cm 900日圓～

☎0893-43-0455
內子町八日市2898
⏲9:00～17:00 休 無休
P 無 🚉JR內子站步行18分
MAP 附錄①B-5

最方便的交通工具Chagamaru

於JR內子站和町並停車場間運行的復古巴士。車資360日圓，週六日、假日的9:50～14:00間有5班車。第5班車是石板道巡迴行程2200日圓。詳情請洽觀光服務處旅里庵（☎0893-43-1450）。

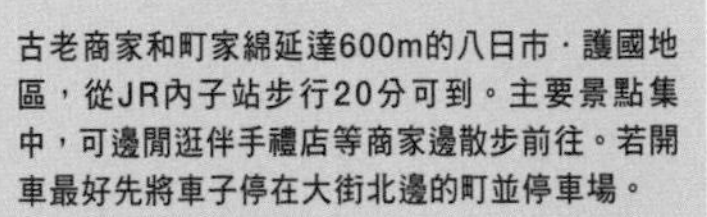

1很有架勢的鍛冶作業 **2**充滿韻味的外觀 **3**資料館、伴手禮店聚集的街區 **4**內子座是如今依舊活躍中的劇場 **5**修整完善的庭園 **6**以椰科植物「棕櫚」葉子製成的掃帚 **7**反覆塗上木蠟後使其產生光澤 **8**日常風景中的歷史感

整個繞上一圈 2小時

建議出遊Time 13:00-15:00

古老商家和町家綿延達600m的八日市・護國地區，從JR內子站步行20分可到。主要景點集中，可邊閒逛伴手禮店等商家邊散步前往。若開車最好先將車子停在大街北邊的町並停車場。

周邊地圖請參照 附錄① B-5

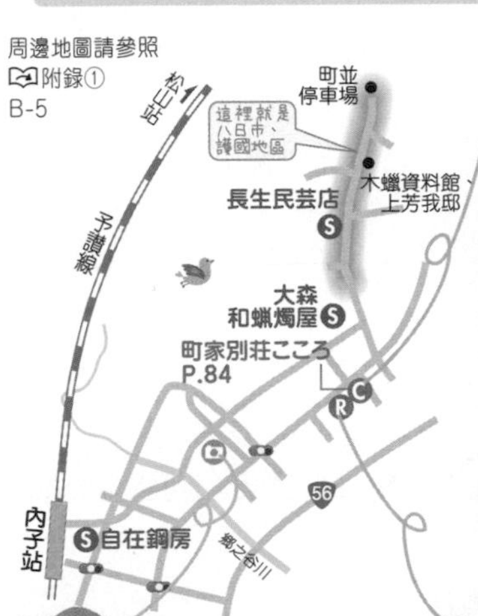

傳統町家林立的舊街道
八日市·護國地區
ようかいちごこくのまちなみ

內子曾經是以和紙和木蠟生產地而繁榮的小鎮。長約600m，兩旁滿是江戶到大正時代興建町家的街道，已經被日本政府選定為重要傳統性建造物群保存地區。 MAP 附錄①B-5

景點 **內子座**（うちこざ）

木造的劇場，入母屋造的建築物若無表演活動即可入內參觀。

☎0893-44-2840 內子町內子2102 ⏲9:00～16:30 休 無休 ¥ 入場費400日圓 P有 MAP 附錄①B-5

現在仍會舉辦戲劇和音樂會表演

咖啡廳 **COCORO**（こころ）

築於大正時代、原為退隱後的生活住家，現改裝成咖啡廳使用。以內子產水果製作的甜點很有人氣。

☎0893-44-5735 內子町內子本町4 ⏲10:00～17:00 休 週三 P有 JR內子線內子站步行13分 MAP 附錄①B-5

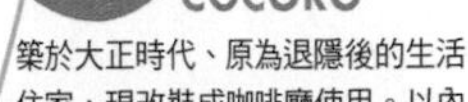

蛋糕套餐700日圓～

餐廳 **下芳我邸**（しもはがてい）

由木蠟商家改建而成的餐廳。附天麩羅和小鉢的手打蕎麥麵套餐1420日圓～。

☎0893-44-6171 內子町內子甲1946 ⏲11:00～16:30（12～2月為～14:30） 休 週三（逢假日則營業） P有 MAP 附錄①B-5

可眺望中庭的榻榻米席

商家和町家比鄰而立的八日市・護國地區是和緩的坡道路段，請穿雙好走的鞋再來散步。

大島（おおしま）@瀨戶內島波海道 啟程到鄰近島嶼逛逛吧

以10座橋樑連結瀨戶內海諸島嶼的瀨戶內島波海道。
若想輕鬆享受島嶼風情，可前往離四國本土最近的大島。
感受充滿浪漫和鄉愁氛圍的環島之旅。

世界首座三連吊橋來島海峽大橋，連結著四國本土和大島

從今治市自行車步道總站眺望的景觀

整個繞上一圈

3小時

建議出遊Time
11:00-16:00

離愛媛最近的大島，是擁有展望台、公園等眾多可逛景點的區域。在來島海峽近海捕獲的鯛魚很有名，可享受島嶼上的美味佳餚。大島北IC附近的宮窪地區餐廳聚集。

周邊地圖請參照
附錄①D-2

前往大島的交通方式

大島北IC和大島南IC是有限制出入口方向的交流道，從四國側前往大島時請由大島南IC下交流道。巴士的班次不多，移動上開車較方便。

往來交織的船隻看起來就像幅畫般

1可由船上觀賞潮流的能島水軍潮流體驗
2看出去一片金黃世界的龜老山展望公園
3也可騎自行車穿越大橋

大島的景點導覽

龜老山展望公園
きろうさんてんぼうこうえん

位於海拔307.8m、龜老山頂上的公園。從建築師隈研吾所設計的展望台能一望周邊的島群。

☎0897-84-2111(今治市吉海支所産業建設課) 今治市吉海町南浦 自由入園 P有 大島南IC車程5km MAP 54C-1

嵌在地裡的特殊設計

吉海玫瑰公園
よしうみバラこうえん

玫瑰園內栽種了約400種、3500株的世界各地玫瑰，鄰接的玫瑰館內有販售玫瑰霜淇淋。

☎0897-84-2111(今治市吉海支所産業建設課) 今治市吉海町福田1292 自由入園 P有 大島南IC車程4km MAP 附錄①D-3

總面積達2.8公頃

能島水軍
のしますいぐん

可參加「潮流體驗」從船上欣賞宮窪近海的湍急潮流，所需約30分。

☎0897-86-3323 今治市宮窪町宮窪1293-2 9:00～16:00 休 週一(逢假日則翌日休) ¥船資1000日圓 P有 大島南IC車程9km MAP 附錄①D-3

附設直賣店和餐廳

午餐在這裡吃

公路休息站(道の駅) よしうみいきいき館

將鮮魚區水槽內的魚貝以七厘烤爐燒烤後享用的七厘B.B.Q，相當受歡迎。

☎0897-84-3710
今治市吉海町名4520-2
9:00～17:00(餐廳、七厘B.B.Q10:00～)
休 無休 P有 大島南IC車程1km MAP 54B-1

七厘B.B.Q
(附鯛魚飯，2人份～) 1人2160日圓～

漂亮迷人的島嶼風景 島波Photo Gallery

位於生口島的大理石庭園「未來心之丘」

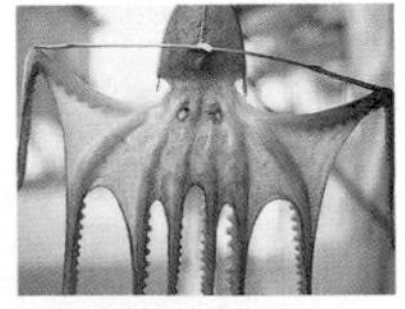

島上特有的曬章魚風景

各島嶼的偏遠小漁港旅遊風情萬千

夕陽時分尤其美麗

瀨戶內島波海道可騎自行車或以徒步方式穿越。詳情請參照今治市サイクリングターミナル サンライズ糸山(P.52)。

鬆鬆軟軟、好舒服 愛上了 今治毛巾

今治毛巾的品牌化

請來知名的藝術指導佐藤可士和擔任總監，首先設計品牌商標＆LOGO，接下來著手將今治毛巾導向品牌化。

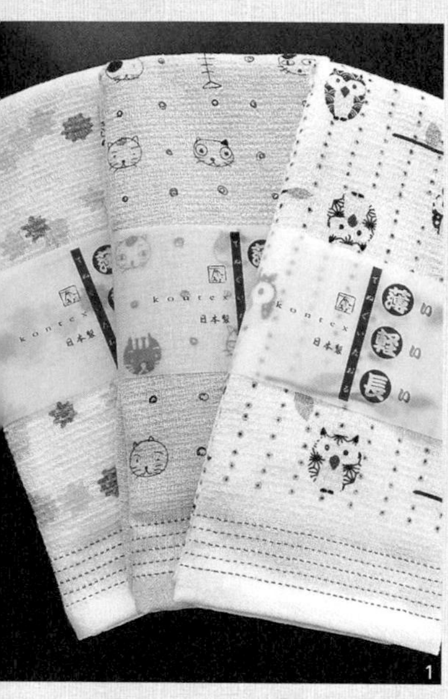

1

2

3

4

在今治毛巾的故鄉 找到最棒的一條毛巾

今治市是日本最大的毛巾產地，市內既有很特殊的毛巾美術館，也有毛巾的專門店。而且邀來著名作家和藝術總監加入，不斷地推出了設計性極高的毛巾款式。看到了沒？像是彩繪生活般的毛巾，竟然有這麼這麼多呢。

6

5

1輕、薄、長概念下的手巾毛巾各648日圓（コンテックス タオルガーデン）
2今治誕生的白色毛巾、臉巾1188日圓（テクスポート今治）
3有機棉的臉巾各1944日圓（コンテックス タオルガーデン）
4設計款浴衣各16200日圓（テクスポート今治）
5用在毛巾上棉線的展示區（毛巾美術館CHIHIRO）
6わた音 しゅす織 浴巾3240日圓（テクスポート今治）
7條紋小毛巾各497日圓（テクスポート今治）

7

不可錯過的網路商店

只要使用過今治毛巾，就能瞭解它的優點。若無法親自前往今治，上網路商店購買也是方法之一。
HP http://imabaritowel.net/

與毛巾有關的藝術景點介紹

世界上也很罕見的毛巾美術館

毛巾美術館ICHIHIRO

タオルびじゅつかんイチヒロ

廣大腹地內有歐洲風庭園，以及陳列繽紛色彩毛巾藝術的毛巾博物館、毛巾精品店等設施。還附設可品味FAUCHON紅茶的咖啡廳。

☎0898-56-1515
⌂今治市朝倉上甲2930 ◷9:30～17:30
休1月第3·4週二 ¥門票800日圓
P有 🚗JR伊予三芳站
計程車10分 MAP 54B-4

1野溫子的毛巾藝術展示區
2用於毛巾製作的色彩鮮豔棉線
3臉巾和方巾做成瑞士捲形狀的毛巾瑞士捲（1條）1680日圓
4宏偉的建築外觀

店家在這裡

コンテックス タオルガーデン

由舊紡織工廠改裝而成的商店＆咖啡廳，紅磚建築物中陳列著今治生產的コンテックス品牌毛巾。使用日本茶製作的和風甜點也很有人氣。

☎0898-23-3933
⌂今治市宅間甲854-1
◷10:00～18:00 休週一（逢假日則翌日休）P有
🚗今治IC車程4km
MAP 54A-2

紅磚建築的復古外觀

富有彈性的ペルーラ毛巾臉巾（各1296日圓）

テクスポート今治

テクスポートいまばり

為毛巾製品的情報發信基地，可參觀製造過程（預約制）和「今治タオル本店」。若持照片還能製作自己的獨創毛巾（2100日圓～，運費另計）

☎0898-23-8700（商店直通☎0898-34-3486）
⌂今治市東門町5-14-3
◷商店9:00～18:00（工房館為～17:00）休無休
¥免費入館 P有
📍今治營業所巴士站步行10分 MAP 54B-2

漂亮的販售空間

動物兒童枕（2160日圓）

雖然各種想吃美食當前
在愛媛，首選當然是當地料理

從鯛魚飯等豐富海鮮所烹調的鄉土料理
到當地人喜愛的八幡濱強棒麵、今治烤雞肉等
連美食家都注目的知名食材，愛媛的當地料理請務必要品嘗一下。

【內子豚】

在無菌狀態的衛生管理下所飼育的內子產SPF豬肉，肉質細緻、口感柔嫩，甘甜豐富的美味為其特色。在レストランからり可以品嘗到內子豚搭配當地產蔬菜的定食等餐點。

↑內子豚的醬醪味噌燒（附前菜、沙拉吧）1200日圓（未稅）　↓位於從內子五十崎IC車程5分的場所

レストランからり

‖內子町‖

餐廳 ☎0893-43-1122
内子町内子2452 道の駅内子フレッシュパークからり内
11:00～20:00 休不定休
P有 JR內子站步行20分
MAP 附錄①B-5

【八幡濱強棒麵】八幡浜ちゃんぽん

以昆布和柴魚片為基底的醬油高湯，加上豬肉、蔬菜等配料的甜味所熬煮而成的濃郁湯頭。點一份附白飯的「ちゃん定」套餐，將麵當作配菜享用正是八幡濱的吃法。市內約有40家左右的強棒麵店。

↑特製強棒麵（650日圓）
↓最先販賣八幡濱強棒麵的店家

丸山ちゃんぽん

‖八幡濱市‖まるやまちゃんぽん

拉麵 ☎0894-22-0984
八幡浜市下道371-9
11:00～15:00
休週四 P無
JR八幡濱站宇和島巴士7分，銀行前下車即到
MAP 附錄①B-5

【今治烤雞肉】今治の焼き鳥

使用鐵板並用烙鐵狀的東西按壓，燒烤後只剩下剛剛好的油脂、肉汁美味完全鎖住的今治風烤雞肉，因為快速、美味、便宜而廣受好評。若想品嘗這箇中的醍醐味，則推薦淋上甜辣醬汁、烤得酥脆的烤雞皮。

→炸雞塊在今治被稱為「せんざんき」，4個450日圓　↓搭配酒或白飯都很適合的烤雞皮（400日圓）

有吧檯座、榻榻米座和包廂

世渡

‖今治市‖せと

烤雞肉 ☎0898-31-1614
今治市黃金町1-5-20 17:00～21:30 休週一 P有 JR今治站步行15分 MAP 54B-2

【南予鯛魚飯】南予の鯛めし

以鯛魚產地聞名宇和海沿岸的鄉土料理。將醃過的鯛魚生魚片放在熱騰騰的白飯上，再淋上加了蛋黃、以醬油為底的特製醬汁一起品嘗。在宇和島的ほづみ亭也是道人氣料理。

→ほづみ亭的鯛魚飯（980日圓、未稅）裡有海帶芽
↓櫃檯上擺放著多種大盤料理

ほづみ亭 ‖宇和島市‖ほづみてい

日本料理店 ☎0895-25-6590
宇和島市新町2-3-8
11:00～13:30、17:00～21:30 休 週日（逢假日則翌日休）P 有 JR宇和島站步行5分 MAP 附錄①B-6

【伊予啤酒牛】

伊予麦酒牛

以穀類和牧草中混入生啤酒酒糟的天然飼料所養育而成的愛媛品牌牛，其特色是肉質柔嫩、味道豐富。在講究衛生安全與美味的金牛亭，能品嘗到使用伊予啤酒牛的燒肉料理。

金牛亭 ‖松山市‖きんぎゅうてい

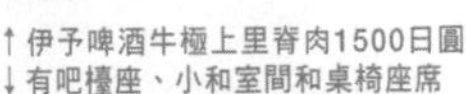

↑伊予啤酒牛極上里脊肉1500日圓
↓有吧檯座、小和室間和桌椅座席

燒肉 ☎089-990-8931
松山市来住町1127-1
11:00～14:00、17:00～23:00
休 週二、第3週一 P 有
伊予鐵道久米站步行10分 MAP 55C-2

值得推薦的地產地消餐廳

KAMADO DINING えん家

‖松山市‖カマドダイニングえんや

能享受到使用縣內生產食材為主的和洋混合料裡，以及瀨戶內海的海鮮料理和鄉土料理的餐廳。宇和島的生鯛飯和從近海捕獲的魚、連皮一起做成魚漿後酥炸的雜魚天麩羅都很有人氣。可選擇吧檯座、大廳或是面庭園的包廂用餐。

↑表皮酥脆、裡面鬆軟的手工小魚天麩羅（580日圓）
↓由舊料亭改裝而成的建築物

餐廳 ☎089-931-0007
松山市二番町1-11-8
17:00～24:30
休 無休 P 無 伊予鐵道勝山町電車站步行3分 MAP 57D-3

把喜歡的帶回家吧

小旅行中的小確幸@愛媛

愛媛除了柑橘外，
還有很適合當伴手禮的實用性商品、
外觀和味道都有高水準的點心等。
以下介紹幾款「可愛」到讓人忍不住下手採買的物品。

A 將新鮮現榨的風味直接封裝入瓶

B 直徑3cm。一口大小的可愛饅頭

C 連正岡子規也愛的溫泉煎餅

D 蒸麵包般的樸實口感 共14種口味

E 榮獲Good Design設計大獎的棉質毛巾布圍巾

F 很簡單卻有著引人目光的品味

Aうまいがぜ伊方みかん（200mℓ 230日圓），使用大量農家自豪的伊方町產柑橘製成
B蛋和麵粉攪勻後，包入豆沙餡蒸烤而成的雞蛋饅頭（24個裝864日圓）
C恰到好處的甜味和口感極具魅力的溫泉煎餅（1罐2100日圓）得事先預約　**D**勞研饅頭使用的是創業當時沿用至今的酵母菌，分為使用花豆和艾草等的「味付」和「加餡」二類（1個108日圓）**E**重量僅70g、擁有26種多樣色系的「今治毛巾布圍巾70」（1條1080日圓），曾獲Good Design設計大獎　**F**有著時尚設計感的砥部燒馬克杯（1個3500日圓）

SHOP LIST

A えひめ果実倶楽部 みかんの木 ハイカラ通り店 P.60

B 一笑堂（いっしょうどう）
☎0898-22-0295 今治市中浜町1-1-21
9:00～19:00（週日、假日～18:00）
休 不定休 P 有 JR今治站步行20分
MAP 54B-2

C 玉泉堂本舗（ぎょくせんどうほんぽ）
☎089-921-2528 松山市道後湯之町12-31
10:00～18:00 休 週日、假日 P 無
伊予鐵道道後溫泉站下車即到 MAP 57E-1

D 労研饅頭たけうち大街道支店
（ろうけんまんとうたけうちおおかいどうしてん）
☎089-921-6997 松山市大街道2-3-15
9:00～19:00（售完為止） 休 週三 P 無
伊予鐵道大街道電車站步行3分
MAP 56C-3

E いまばりタオルブティック
☎0898-32-3337（今治地域當地產業振興中心）
今治市旭町2-3-5
9:00～18:00 休 無休 P 有
JR今治站步行10分
MAP 54B-2

F 元晴窯（げんせいがま）
☎089-962-3028 砥部町五本松885-20
11:00左右～17:00左右 休 不定休 P 有
松山IC車程10km MAP 57E-4

每家酒廠的
風味都各有千秋

G

以魚漿油炸製成的
愛媛名物雜魚天麩羅

H

愈用愈有
韻味的伊予絣

I

J

柔軟、舒適的
今治毛巾

K

使用愛媛柑橘製成的
「食用醋系列」

L

愛媛代表性的
著名甜點

M

玻璃杯×漆器的
意外組合

G縣內22家酒廠使用相同酒米釀造的統一名稱酒「しずく媛」系列（1瓶720ml 1200～2100日圓）
H於八幡濱近海捕獲的小魚連同魚骨打成魚漿後製成的「雜魚天麩羅」（5片420日圓）
I以愛媛縣花的山茶花為圖案、風格簡樸的杯墊，為純手工編織的作品（1個432日圓）
J擁有蓬鬆彈性的珍珠毛巾，方巾（648日圓）、毛巾（1296日圓）
K使用伊予柑、冬橙、檸檬、柚子等製成的「柑橘王国 飲む酢」（各1050日圓）
L一六蛋糕捲（1條648日圓～），鬆軟的蛋糕裹著四國特產柚子製成的紅豆餡
M在玻璃表面施以噴漆加工的玻璃杯「花水晶」（2個一套5400日圓）

SHOP LIST

G蔵元屋（くらもとや） ☎089-934-5701 松山市一番町1-11-7 濱商一番町ビル1F 12:00～21:00（週五、六～22:00） 休週一 P無 伊予鐵道勝山町電車站步行3分 MAP 57D-3

Hくずし鳥津（くずしとりづ） ☎0894-22-2009 八幡浜市駅前2 8:00～18:00（週六、日～14:00） 休不定休 P有 JR八幡濱站步行3分 MAP 附錄①B-5

I民藝伊予絣會館 P.80

Jコンテック スタオルガーデン P.75

K四国物産館 十五万石（しこくぶっさんかんじゅうごまんごく） ☎089-946-1844 松山市道後湯之町20-23 8:30～22:00 休無休 P無 伊予鐵道道後溫泉站步行5分 MAP 57F-1

L一六本舗勝山本店（いちろくほんぽかつやまほんてん） ☎089-946-0016 松山市大街道2-2-4 8:30～21:00 休無休 P無 伊予鐵道警察署前電車站步行即到 MAP 56C-4

M伊予桜井漆器会館（いよさくらいしっきかいかん） ☎0898-48-0418 今治市長沢甲340-1 10:00～18:00 休週二（逢假日則翌日休） P有 JR今治站搭瀨戶內巴士24分，元瀨橋下車步行5分 MAP 54C-3

還有還有很多 愛媛的可逛景點

話題中的大型博物館與
熱門觀光名勝等聚集的愛媛縣。
或是再走遠些，到西南部的海邊景點一遊。

松山市 城山公園
しろやまこうえん

☎089-921-4873（松山城総合事務所） 松山市丸之內 5:00～21:00（11～3月5：30～） 休無休 ¥免費入園，纜車、吊椅（來回）500日圓 P有 伊予鐵道大街道電車站步行5分，纜車3分 MAP 56C-3

古城與櫻花相映襯的公園

環抱松山城、綿延於海拔132m的勝山山頂一帶的史跡公園。從天守閣的眺望景色已入選為「櫻花名勝100選」之一。

松山市 民藝伊予絣會館
みんげいいよかすりかいかん

☎089-922-0405 松山市久万ノ台1200 8:10～16:50（視季節會有變動） 休無休 ¥門票100日圓，藍染體驗1000日圓～ P有 久万の台巴士站即到 MAP 55B-1

參觀伊予絣的製作過程

展示日本三大絣之一、伊予絣的歷史資料，可參觀從染色到整套和服布料的製作。並附設藍染體驗區和餐廳、直營店。

松山市 子規堂
しきどう

☎089-945-0400 松山市末広町16-3 正宗寺內 8:30～16:40 休無休 ¥入場費50日圓 P有 伊予鐵道松山市站即到 MAP 56C-4

重現正岡子規的故居

將松山出身的俳人正岡子規到17歲赴東京前所居住的舊宅，於正宗寺的境內復原重現。有間3張榻榻米大的書房，展示著紀行文和寫生本。

松山市 坂上之雲博物館
さかのうえのくもミュージアム

☎089-915-2600 松山市一番町3-20 9:00～18:00 休週一（逢假日則翌日休） ¥門票400日圓 P無 伊予鐵道大街道電車站即到 MAP 56C-3

一窺近代日本的足跡

以司馬遼太郎的小說『坂上之雲』為主題的博物館。除了展示松山出身的3位主角秋山好古、真之兄弟和正岡子規的相關資料外，還介紹了小說舞台中明治時代的松山市與當時日本的模樣。展示內容上利用了影像和圖表等精心設計。

展示連載於產經新聞的報紙樣稿↑

↑建築物出自安藤忠雄的設計

松山市 伊丹十三記念館
いたみじゅうぞうきねんかん

☎089-969-1313 松山市東石井1-6-10 10:00～17:30 休週二（逢假日則翌日休） ¥門票800日圓 P有 天山橋巴士站步行3分 MAP 55B-2

裝置獨特的展示

以豐富資料介紹高中時期在松山市度過的伊丹十三足跡。展示的設計上有拉出式和迴轉式等獨特裝置。

砥部町 砥部焼観光センター 炎の里
とべやきかんこうセンターえんのさと

☎089-962-2070 砥部町千足359 8:30～18:00（彩繪～16:00） 休無休 ¥彩繪體驗400日圓～ P有 砥部焼観光センター口巴士站步行7分 MAP 57E-4

砥部燒的大型直營店

販售町內窯坊作品的砥部燒製造直營店。從筷架到茶杯、大盤子等商品都有，種類豐富。還有彩繪、手擠坯、轆轤拉坯等體驗。

松山市 愛媛縣美術館
えひめけんびじゅつかん

☎089-932-0010 松山市堀之內 9:40～17:30 休週一（逢假日則翌日休，第1週一照常開館改翌日休） ¥門票300日圓 P有 伊予鐵道南堀端電車站步行3分 MAP 56B-3

體驗創造型的美術館

收藏日本畫、西洋畫、雕刻等約1萬1000件作品。除了莫內、塞尚外，還有鄉土作家的作品展示。

久萬高原町 久万高原ふるさと旅行村
くまこうげんふるさとりょこうむら

☎0892-41-0711 久万高原町下畑野川乙488 8:30～17:00（視設施而異） 休週一（逢假日則翌日休） ¥入村免費，露營帳棚一頂540日圓 P有 松山IC車程35km MAP 附錄①C-4

享受山村生活

不僅可釣魚、露營，還有設置天象儀的天文館。境內有住宿設施的小木屋以及可品嘗鄉土菜、山菜的食堂。

新居濱市 **マイントピア別子・東平ゾーン**
マイントピアべっしとうなるゾーン

☎0897-36-1300
新居浜市立川町654-3 10:00～15:00（東平歴史資料館、Mine工房） 休 週一（逢假日則翌日休） P有 新居濱IC車程18km MAP 附錄①D-4

述說別子銅山的歷史

曾經擁有世界屈指的產銅量、日本三大銅山之一的別子銅山遺跡。保留了貯礦庫和礦石專用索道基地等殘跡，另設有歷史資料館。

新居濱市 **愛媛縣綜合科學博物館**
えひめけんそうごうかがくはくぶつかん

☎0897-40-4100 新居浜市大生院2133-2 9:00～17:00 休 週一（逢假日則翌日休，第1週一開館，翌日休） ¥ 門票500日圓 P有 綜合科學博物館巴士站下車即到 MAP 附錄①D-4

體驗自然和科學的樂趣

可透過影像和展示物學習自然和科學技術，館內還有恐龍的可動式模型以及世界最大規模的天象儀等設施。

伊方町 **佐田岬燈塔**
さだみさきとうだい

☎0894-54-1113（伊方町三崎総合支所地域振興室） 伊方町三崎 外觀可自由參觀 P有 大洲IC車程72km，遊步道步行20分 MAP 附錄①A-6

位於日本最細長的半島上

矗立於隸屬瀨戶內海國立公園、佐田岬半島最前端的燈塔。天氣晴朗時還能遠眺到對岸的九州。設有完善的遊步道。

大洲市 **大洲紅磚館**
おおずあかれんがかん

☎0893-24-1281 大洲市大洲60 9:00～17:00 休 12月29～31日 ¥ 入館免費（部分展示室收費） P有 大洲本町巴士站即到 MAP 附錄①B-5

磚造的明治建築物

原本是1901（明治34）年興建的大洲商業銀行。1樓是特產品和雜貨賣店，2樓是藝廊兼休憩所。

西予市 **愛媛縣歷史文化博物館**
えひめけんれきしぶんかはくぶつかん

☎0894-62-6222 西予市宇和町卯之町4-11-2 9:00～17:00 休 週一（逢假日則翌日休，第1週一開館，翌日休） ¥ 門票500日圓 P有 JR卯之町站步行20分 MAP 附錄①B-6

復原展示實物大小的街區

將愛媛縣的歷史和民俗相關資料從原始到現代分成4區展示，各時代的代表性建築物均以原尺寸大小復原。

四國中央市 **霧之森**
きりのもり

☎0896-72-3111 四国中央市新宮町馬立 可自由入園（設施10:00～17:00） 休 週一（逢假日則翌日休，4～8月無休） ¥ 入園免費 P有 新宮IC下車即到 MAP 附錄①E-4

位於山間的休閒之鄉

為無農藥的知名茶產地、綿延於新宮町山間的休閒景點。占地內除了販售特產新宮茶和使用茶做點心的菓子工房本店、能品嘗茶蕎麥麵的餐廳、專賣新宮茶的咖啡廳「茶フェ」、充滿風情的茶室「街道茶店」等，還有溫泉、別墅等設施。

街道茶店的茶點套餐544日圓→

↑能品嘗新宮茶和甜點的「茶フェ」

愛南町 **石垣文化之鄉**
いしがきぶんかのさと

☎0895-82-1111（愛南町西海支所）
愛南町外泊 可自由參觀
P有 津島高田IC車程40km
MAP 附錄①B-7

整齊堆砌的石牆

祖先們在山傾斜面築起的石牆，現在成為外泊地區的特殊風景。石牆是為了守護家園抵禦颱風和冬天強烈季節風而建的圍牆。

愛南町 **水中展望船ユメカイナ**
すいちゅうてんぼうせんユメカイナ

☎0895-82-0280 愛南町船越瀬ノ浜 8:30～16:30（約每隔1小時運航，視季節會有變動） 休 天候不佳時、水中透明度較低時 ¥ 船資2200日圓 P有 津島高田IC車程37km（到瀨之濱棧橋為止） MAP 附錄①B-7

可近距離欣賞珊瑚和熱帶魚

繞行宇和海海域公園和鹿島周邊的水中展望船，可透過玻璃窗觀察珊瑚和熱帶魚棲息的海底模樣。行程所需約40分。

連文人也喜愛的道後溫泉旅館

下榻充滿風情的溫泉旅館，也是道後旅遊的樂趣之一。
從純和風的老字號旅館到古典的洋館都有，
讓人難以抉擇，以下介紹嚴選的幾家優質飯店。

1男湯露天浴池「男郎花」為檜木浴槽
2料理中使用了大量瀨戶內的海鮮食材
3數寄屋樣式的和室

傳統款待之心的時尚和風旅館

大和屋本店 やまとやほんてん

創業於1868（明治元）年的老字號旅館，傳統的待客之道加上現代化服務博得好評。除了數寄屋樣式的和室外，還有西式單人房等房型，即便隻身旅行也能輕鬆體驗正統的和風旅館風情。館內設有能舞台，會舉辦能樂、傳統藝能和文化活動等。還有外聘講師的能舞台體驗講座（1000日圓，17:30～約30分鐘）。

☎089-935-8880
松山市道後湯之町20-8
IN12:00　OUT12:00
伊予鐵道道後溫泉站步行5分
P有
MAP 57F-1
●有露天浴池

費用方案

●1泊2食23370日圓～
●附餐、當日往返入浴（預約制）
・午餐（11:30～14:00）2100日圓～
・晚餐（17:00～21:30）5250日圓～
※視菜單而定、有時不需預約也能享用，但不開放給僅入浴的客人

可讓人感受到日本之美的氛圍

自然、不經意的紙鶴裝飾

在玄關旁的足湯悠閒小憩片刻

正統道地的能舞台體驗

女湯「女郎花」的露天浴池

日本最古老溫泉之一的道後溫泉
屬於鹼性單純溫泉水質溫和、
觸感滑順。溫泉街上汲取自源泉的
湯屋並排而立。

1建於道後溫泉街入口的古民家風旅館
2圖書館兼休息廳　3三間獨立湯屋其中之一的「風月」

家庭式接待的古民家風小旅館

あたたかい宿 谷屋 あたたかいやどたにや

共7間客房的家族式經營小旅館。使用舊家樑柱等溫潤的古木，設計成雖為旅館、但卻保有隱私性的建築風格。利用原本閒置在谷屋倉庫的家具用品等室內擺設也很有味道，還可隨時使用道後溫泉的獨立湯屋。

費用方案
●1泊2食16890日圓～

能品嘗鄉土料理的晚餐。
照片中為白帶魚卷壽司。

☎089-921-8595
⌂松山市道後湯之町2-4
ⒸIN15:00　OUT11:00
🚉伊予鐵道道後溫泉站即到
Ⓟ有 MAP 57F-2

道後唯一的正統歐風度假飯店

OLD ENGLAND DOGO YAMANOTE HOTEL

オールドイングランドどうごやまのてホテル

以古老英國為設計意象的洋館飯店。入口會有穿著正式服裝的門房出來迎接，以及設有暖爐的大廳、散發高貴古典氛圍的客房等，可體驗難得的優雅時光。

費用方案
●1泊2食19590日圓
●附餐、當日往返入浴（預約制）
・午餐（11:30~14:00）1782日圓～
・晚餐（17:30~21:00）5400日圓～
●附午餐的美容＆入浴（預約制）
9800日圓～（客房利用時間12:00~18:00）
※2000日圓以上的用餐可免費入浴

可搭配葡萄酒一起享用的法國菜

☎089-998-2111
⌂松山市道後鷺谷町1-13
ⒸIN13:00　OUT12:00
🚉伊予鐵道道後溫泉站步行5分
Ⓟ有 MAP 57F-1

1外觀的紅磚和自然石也很漂亮　2英國風格的室內設計
3女性浴池是能沉浸優雅氣氛的玫瑰浴池（依季節會有變動）

來到愛媛之後 推薦的飯店&旅館

愛媛縣有許多以「古民家」「綠色旅遊」「普羅旺斯」等引人注目關鍵字的住宿設施。
該住宿的特有料理和服務也都極具魅力。

1紅色屋頂和石灰壁面與溪谷的大自然相映襯的古典氛圍
2到了冬天大廳就會點上暖爐

被清澄空氣環繞的 森林度假小飯店

森の国ホテル

‖松野町‖もりのくにホテル

位於滑床溪谷的入口、以紅色三角屋頂為明顯標誌的小飯店。所有的客房均可眺望森林景致，還設有汲取自溫泉的露天浴池。

Check

①露天有岩浴池和檜浴池
②晚餐為西式特製全餐
③每間客房的擺設和色系都不同

¥1泊2食15660日圓～
☎0895-43-0331 松野町目黒
IN15:00 OUT10:00 P有
三間IC車程30km MAP附錄①B-6
●有接送服務 ●有露天浴池

1在置有地爐的地板房間享用晚餐
2山菜天麩羅和燉菜等大量使用當地季節食材的晚餐全部有9道菜

在溫暖的空間裡 享用鄉村料理

石畳の宿

‖内子町‖いしだたみのやど

地處豐富綠意的石疊地區、從古民家移築過來的旅館。1樓有面庭園的客房和設有地爐的房間，屋簷下方改裝後的空間還規劃了3間客房。

Check

①餐點為當地主婦的手作料理
②早餐的米是由水車慢慢碾成
③水車精米「石疊之米」5kg 2900日圓

¥1泊2食8800日圓～ ☎0893-44-5730
内子町石畳2877 IN15:00 OUT10:00
休第3週二、12月28日～1月4日、8月14・15・16日 P有 内子五十崎IC車程1km
MAP附錄①B-5

1設有中庭的2層樓宅邸
2備兩張大尺寸床鋪的寢室。書和CD均可自由使用

租下一整棟舊宅邸 悠閒地享受

町家別荘こころ

‖内子町‖まちやべっそうこころ

將大正時代的舊宅邸整棟出租、一天限定1組（限額8人）的旅館。在這日本家屋特有風情的空間裡，可以不用考慮到別人、享受完全的自在。只供應早餐。

Check

①浴室內有檜浴池
②晚餐可到內子町內的餐廳
③除了咖啡廳外全部房間均可使用

¥1泊2食9500日圓～（2名利用時）
☎0893-44-5735 内子町内子本町4
IN15:00 OUT11:00
P有 JR内子站步行13分
MAP附錄①B-5

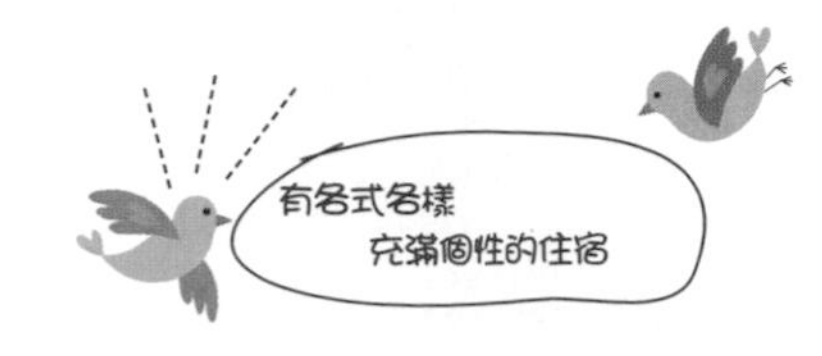

1使用當地杉木和松木打造的住宿棟，和母屋相連　2圓柱形的住宿棟內，天井挑高、空間寬敞

到農村親近美麗的大自然
還有飄散著木頭芳香的客房

ファーム·イン RAUM 古久里来

‖內子町‖ファームインラオムこくりこ

主題為綠色旅遊，也會介紹插秧、採收、摘果之類的農村體驗。餐點為使用自家栽培蔬菜和香草的健康料理。

Check

①浴池是使用柴薪燒熱水的五右衛門浴池
②客房內沒有電視和時鐘
③藝廊會展示藝術家的作品

¥1泊2食8300日圓～
☎0893-44-2079 內子町五百木636
IN15:00　OUT10:00
P有 JR內子站計程車5分
MAP 附錄①C-5

1在1樓設有地爐的房間，提供限定組數可於地爐旁用餐。
2主要為男性使用的檜浴池。

悠然享受
潺潺溪流和名湯

小薮温泉

‖大洲市‖おやぶおんせん

建於自然環繞的小藪川沿岸的獨棟旅館。溫泉有檜浴池和岩浴池，屬於肌膚觸感溫和的鹼性泉。從客房可一望閑靜的山村風景。

Check

①本館已被指定為登錄文化財
②使用雞鍋和河魚的料理
③夏天還能欣賞螢火蟲

¥1泊2食10950日圓～ ☎0893-34-2007
大洲市肱川町宇和川1433
IN15:00　OUT10:00 P有 JR伊予大洲站宇和島巴士45分，鹿野川大橋下車，計程車5分 MAP 附錄①C-5

1雙床房（禁菸）
2「Breakfast that remais in mind」只提供住宿客享用

有著普羅旺斯意象
自然豐美的小度假村

ケーオーホテル

‖今治市‖

以休息和療癒為設計重點、全部20間客房的氛圍都各異其趣。使用新鮮的瀨戶內海產和當地蔬菜的健康料理也是自豪特色之一。

Check

①健康料理也是其中焦點
②提供今治毛巾
③採用「L'OCCITANE」衛浴用品

¥1泊2食16000日圓～（視晚餐的全餐而異） ☎0898-48-1911 今治市湯ノ浦15
IN15:00　OUT12:00 P有 JR今治站瀨戶內巴士30分，湯ノ浦溫泉入口下車步行5分 MAP 54C-3 ●有接送服務

詳細資訊請上各飯店的網站查詢。

溫泉旅館、秘境旅館、古民家旅館等等愛媛的住宿資訊

道後的溫泉旅館、以料理自豪的秘境旅館等，悠閒氛圍、品味特別的住宿選擇介紹如下。

住宿費用，是以淡季平日、客房數最多的房型2名1室利用時1人的費用為基本。飯店為1間房的費用。

道後 H 大和屋別荘 C ♨ 寬
やまとやべっそう

☎089-931-7771
¥ 附2餐29850日圓～ 室 和室19
IN14:00 OUT11:00 P 有
伊予鐵道道後溫泉站步行5分
MAP 57E-1

POINT 能品嘗到以瀨戶內海新鮮魚貝為中心的懷石料理。到處擺飾著知名俳人的書籍，也以俳句之宿而廣為人知。

道後 旅 道後夢蔵 旅庵 浪六 C 新
どうごゆめくらりょあんなみろく

☎089-931-1180
¥ 附2餐24840日圓～ 室 和洋室7
IN15:00 OUT11:00 P 有
伊予鐵道道後溫泉站步行5分
MAP 57F-1

POINT 道後溫泉本館東側，全部客房均能看到本館的建築物，並設有自源泉接引溫泉水的內浴池。用餐請到餐廳「夢かたり」，可品嘗只選用愛媛產的新鮮食材所搭配的會席料理。

道後 旅 道後 湯の宿 さち家 新
どうごゆのやどさちや

☎089-921-3807 ¥ 附2餐16350日圓～ 室 和室8
IN15:00 OUT10:00 P 有
伊予鐵道道後溫泉站即到 MAP 57F-1
POINT 每間客房都各異其趣，飄散出復古又現代的氛圍。

道後 旅 道後プリンスホテル C 新 ♨
どうごプリンスホテル

☎089-947-5111 ¥ 附2餐14190日圓～ 室 和室88、洋室8、其他28
IN14:30 OUT10:00 P 有
伊予鐵道道後溫泉站步行9分 MAP 57F-2
POINT 有露天．大浴場等16種浴池，可盡情享受泡湯之樂。

道後 旅 茶玻瑠 C 新 ♨
ちゃはる

☎089-945-1321 ¥ 附2餐14040日圓～ 室 和室65、洋室6
IN 15:00 OUT 10:00 P 有 伊予鐵道道後溫泉站步行5分
MAP 57F-1 **POINT** 有許多使用當地食材的全餐菜色和多種多樣的住宿專案。

松山市 H ホテル奥道後 C ♨
ホテルおくどうご

☎089-977-1111 ¥ 附2餐9600日圓～ 室 S15、T160、和室26、和洋室33、其他10 IN14:00 OUT10:00
P 有 奧道後巴士站下車即到 MAP 55C-1
POINT 汲取自源泉的叢林溫泉和自助餐菜色很受好評。

松山市 H 松山全日空飯店 ANA Hotel Matsuyama C 新 煙
まつやまぜんにっくうホテル

☎089-933-5511 ¥ S8500日圓～、T19000日圓～、W19000日圓～
室 S209、T97、D21、大套房3 IN13:00 OUT11:00 P 有
伊予鐵道大街道電車站即到 MAP 56C-3
POINT 除了餐廳＆酒吧外，流行服飾商品也很豐富。

松山市 H チェックイン松山 C 煙 ♨
チェックインまつやま

☎089-998-7000 ¥ S4380日圓～、T7700日圓～、W7300日圓～
室 S200、T25、W38、和室1 IN14:00 OUT10:00 P 有 伊予鐵道大街道電車站步行3分 MAP 57D-4 **POINT** 2樓和10樓分別設有接引自源泉的溫泉，還有露天浴池、三溫暖。有提供免費礦泉水的服務。

內子町 H オベージュ内子 
オーベルジュうちこ

☎0893-44-6565 ¥ 附2餐25920日圓～ 室 室附內浴池別墅5
IN14:00 OUT12:00 P 有 JR內子站計程車5分
MAP 附錄①B-5 **POINT** 位於可俯瞰內子町高地上的獨立5棟別墅。使用鄰近的海鮮和當地蔬菜的法國菜備受好評。

今治市 民 海宿千年松 
うみやどせんねんまつ

☎0897-84-4192 ¥ 附2餐11978日圓～ 室 和室15
IN15:00 OUT10:00 P 有 大島南IC車程4km MAP 54B-1
POINT 能品嘗到村上水軍的戰勝料理「炮烙燒」等大量使用海鮮入菜的料理。還有將海水煮沸的露天浴池。

西条市 旅 京屋旅館別館 歓喜庵 C 煙 ♨
きょうやりょかんべっかんかんきあん

☎0897-59-0522 ¥ 附2餐16200日圓～ 室 本館、別館2 IN16:00
OUT10:00 P 有 JR伊予西条站計程車20分 MAP 附錄①D-4
POINT 以館內大浴場的白色湯泉、嚴選自然食材烹調的會席料理為特色。採預約制，也提供附餐的入浴方案。手打蕎麥麵很受好評。

C 可使用信用卡 新 2010年之後開業或重新裝潢 煙 有禁煙房
♨ 有露天浴池 寬 單人房面積20㎡以上
正常的退房時間為11時以後 有針對女性顧客的服務
旅 旅館 H 飯店 民 民宿 公 公共住宿 歐風小木屋
S：單人房 T：雙床房 W：雙人房

高知

地處四國的最南端，
隱約散發出南國風情的高知縣。
悠閒景致綿延的四萬十川、
能欣賞陣陣巨浪的足摺岬和室戶岬、
在太平洋與鯨魚相遇的賞鯨行程等，
有好多可親近壯闊大自然的旅遊景點。
還有週日市集和夜來祭等活動，
受惠於黑潮的美食炙燒鰹魚也是焦點所在。

大略地介紹一下 高知的基本資訊&交通

南臨太平洋、北接四國山地，擁有豐富自然恩惠的土佐之國。
享受清流四萬十川、足摺岬和四國喀斯特的壯闊景觀，
以及炙燒鰹魚、四萬十川的河產等眾多美味。

Check

□到週日市集購物
□品嘗炙燒鰹魚
□前往四萬十川遊河&吃河產
□巡訪與龍馬相關的設施
□賞鯨@太平洋

etc…

在高知站做好旅遊準備

在高知站做好旅遊準備

首先到高知站南口的觀光服務處收集資訊。索取旅遊地的宣傳小冊子，或是詢問如何前往該地。在當地確認資訊是旅遊的基本。

將過重的行李寄放在投幣式置物櫃

出了JR高知站的改札口後，旁邊就設有約100個投幣式置物櫃。費用為300日圓和400日圓。

市內觀光的便利交通工具

MY遊巴士

以JR高知站南口「とさてらす」前巴士站為起迄站，環繞桂濱等高知市內觀光景點。乘車券有桂濱1日券1000日圓等種類，運行期間為2014年4月～2015年3月的每日（時間等資訊請洽詢）

路面電車

連結高知市內中心部和東西郊外地區的電車。有伊野線、後免線、駅前線、棧橋線等4條路線，市內均一區間的車資為200日圓。班次很多，所以也很方便觀光客利用。

搭乘土佐黑潮鐵道

前往四萬十、足摺方面

搭乘JR土讚線和土佐黑潮鐵道中村・宿毛線（窪川站～宿毛站）到四萬十觀光據點的中村站約需1小時45分。高知站到中村站的特急列車一天有9個往返共18班。

前往室戶、安藝方面

搭乘土佐黑潮鐵道後免・奈半利線，最快50分鐘即可連結後免站與奈半利站間的43km距離。沿線20個車站各自有柳瀨嵩設計的代表卡通人物，相當有人氣。從車窗望出去的風景也廣受好評。

從高知站前往各主要觀光景點的交通方式表

目的地	交通工具	路線	所需時間	費用（單程）
室戶岬	JR土讚線、土佐黑潮鐵道、巴士	JR高知站～後免站～奈半利站～室戶岬	3小時	2570日圓
安藝	JR土讚線、土佐黑潮鐵道	JR高知站～後免站～安藝站	1小時	1170日圓
四萬十	JR土讚線（特急）、土佐黑潮鐵道	JR高知站～中村站	1小時50分	4870日圓
足摺岬	JR土讚線（特急）、土佐黑潮鐵道、巴士	JR高知站～中村站～足摺岬	3小時40分	6670日圓
龍串	JR土讚線（特急）、土佐黑潮鐵道、巴士	JR高知站～中村站～清水BC～龍串	3小時10分	6670日圓

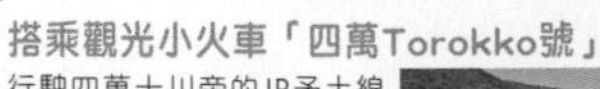

搭乘觀光小火車「四萬Torokko號」

行駛四萬十川旁的JR予土線觀光小火車。在2013年10月重新整修的車廂裡，觀賞風光明媚的四萬十流域風景。營運集中在黃金週和暑假等時期。

☎0570-00-4592（JR四國電話服務中心）

充滿活力的南國城下町

高知

こうち

P.92

以高知城為象徵地標的土佐觀光據點，矗立著坂本龍馬銅像的桂濱也不可錯過。

矚目的戶外活動天堂

四萬十·足摺

しまんと·あしずり

P.100

有四萬十川、受黑潮沖刷形成的綿延絕景足摺岬等景點。

絕景綿延的四國東南端之地

室戶·安藝

むろと·あき

P.104

室戶岬周邊為東部觀光的中心地區，瀰漫著懷舊風景的馬路村也很推薦。

高知廣域
正上方為北方
周邊圖▶附錄①E-5
1:75,000
高知市
高知IC
南国IC
30 善楽寺
一宮
一宮神社前
レジャーセンター
薊野站
土讃線
土佐一宮站
布師田站
高知自動車道
TOHOシネマズ
後免站
伊野IC
P.91 高知市區
高知站
入明站
圓行寺口站
高知学園短大
旭站
佐川駅
高知城
はりまや
graffiti P.116
知寄町1
高知縣立美術館 P.116
土佐電鐵後免線
高須
ネッツ
高知龍馬機場
P.120 城西館
上町2
土佐電鐵伊野線
プリンス
西川屋老舗 P.114
介良通り
石立
総合運動場
筆山公園
土佐電鐵桟橋線
丸山台
竹林寺 31
五台山
五台山公園
東部総合運動場
高知縣立牧野植物園 P.109
河ノ瀬町
能茶山
土佐
皿ヶ峰
南署
わんぱーくこうち
西山
高知港
大畑山トンネル
治国谷
大畑山
高知県立大
新宇津野トンネル
宇津野山
鷲尾トンネル
鷲尾山
横浜トンネル
烏帽子山
春野広域農道
県立池公園
住吉池
大平山
柏尾山
西谷
玉島
衣ヶ島
ツヅキ島
裸島
浦戸湾
クルス
大芝
春野総合運動公園
長畑
宇賀谷
高知新港
ヨネッツ高知
高知競馬場
雪蹊寺 33
種崎海水浴場
種崎千松公園
高知港
桂濱公園
浦戸大橋
日出野
桂濱水族館
坂本龍馬銅像
新川川
灘
桂濱
土佐湾
亀割
国民宿舎 桂浜荘 P.120
桂濱 P.116
土佐鬪犬公園 P.116
高知縣立坂本龍馬記念館 P.116
Whale Watching in桂濱 P.103
雀ヶ森城跡
東戸原

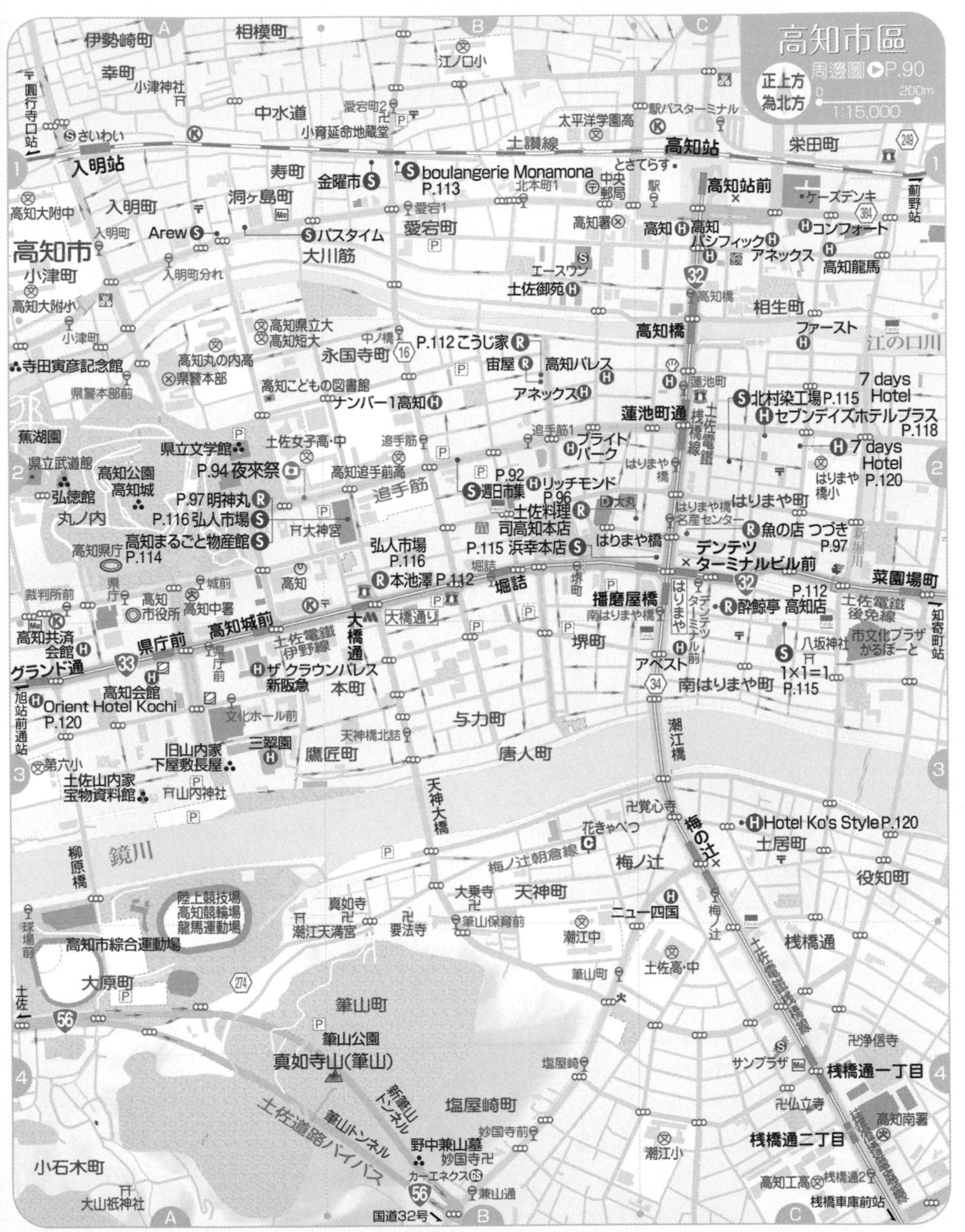
高知市區
周邊圖▶P.90
正上方為北方
0
200m
1:15,000
伊勢崎町
相模町
幸町
小津神社
江ノ口小
中水道
愛宕町2
小育延命地蔵堂
駅バスターミナル
太平洋学園高
さいわい
土讃線
高知站
栄田町
入明站
寿町
金曜市
boulangerie Monamona P.113
とさてらす
北本町1
中央郵局
高知站前
ケーズデンキ
入明町
洞ヶ島町
愛宕1
愛宕町
高知大附中
高知署
高知
高知パシフィック
コンフォート
アネックス
高知龍馬
高知市
Arew
パスタイム
大川筋
エースワン
土佐御苑
小津町
高知大附小
入明町分れ
高知橋
相生町
ファースト
江の口川
高知県立大
高知短大
P.112 こうじ家
永国寺町
宙屋
高知パレス
寺田寅彦記念館
高知丸の内高
県警本部
蓮池町
高知こどもの図書館
ナンバー1高知
アネックス
北村染工場 P.115
7 days Hotel
セブンデイズホテルプラス P.118
蓮池町通
土佐電鐵桟橋線
蕉湖園
県立文学館
土佐女子高・中
追手筋
追手筋1
ブライトパーク
7 days Hotel P.120
はりまや橋小
県立武道館
高知公園
高知城
P.94 夜來祭
高知追手前高
P.92 週日市集
リッチモンド
弘徳館
丸ノ内
P.97 明神丸
P.116 弘人市場
大神宮
P.96 土佐料理 司高知本店
大丸
はりまや橋
名産センター
はりまや町
魚の店 つづき P.97
新堀川
高知県庁
高知まるごと物産館
P.114
弘人市場 P.116
P.115 浜幸本店
はりまや橋
デンテツターミナルビル前
菜園場町
裁判所前
高知市役所
高知中署
城前
本池澤 P.112
堀詰
播磨屋橋
はりまや
デンテツターミナル前
酔鯨亭 高知店 P.112
土佐電鐵後免線
知寄町站
高知共済会館
高知城前
大橋通り
大橋通
土佐電鐵伊野線
南はりまや橋
八坂神社
市文化プラザ かるぽーと
県庁前
グランド通
ザ クラウンパレス新阪急
堺町
アベスト
南はりまや町
1×1=1 P.115
高知会館
本町
旭站前通站
Orient Hotel Kochi P.120
文化ホール前
与力町
天神橋北詰
潮江橋
旧山内家下屋敷長屋
三翠園
鷹匠町
唐人町
第六小
土佐山内家宝物資料館
山内神社
天神大橋
覚心寺
Hotel Ko's Style P.120
花きゃべつ
梅の辻
土居町
鏡川
柳原橋
梅ノ辻朝倉線
梅ノ辻
役知町
陸上競技場
高知競輪場
龍馬運動場
大乗寺
天神町
真如寺
ニュー四国
梅ノ辻
球場前
潮江天満宮
要法寺
筆山保育前
潮江中
桟橋通
高知市綜合運動場
土佐高・中
筆山町
大原町
土佐
筆山町
浄信寺
筆山公園
真如寺山(筆山)
塩屋崎
サンプラザ
桟橋通一丁目
新筆山トンネル
塩屋崎町
仏立寺
土佐道路バイパス
筆山トンネル
妙国寺前
高知南署
野中兼山墓
妙国寺
潮江小
桟橋通二丁目
小石木町
カーエネクス
兼山通
高知工高
桟橋通2
大山祇神社
国道32号
桟橋車庫前站
土佐電鐵桟橋線
A
B
C
1
2
3
4

高知／高知廣域、高知市區

有蔬菜、炸地瓜、骨董品，甚至金魚 !?
前往露天的週日市集採購去

什麼東西都有，充滿朝氣的週日市集。
就到看著快樂、買了也快樂的露天市集
去找找有沒有什麼寶物吧。

整個繞上一圈 **2小時**
建議出遊Time **8:00-12:00**

有著加拿利海棗樹的單側2車道設置行人徒步區，設置了約430家的攤販。規模為全日本第一，邊走邊吃樂趣無窮。

有一堆好吃、好玩的東西

擁有約300年自豪歷史的週日市集，是集合農產品、骨董、五金、餅乾、植栽…什麼都有的購物天堂。由高知城的追守門往東延伸至追手筋路，總長1.3km的沿路上帳篷林立，從一大清早就熱鬧非常。

週日市集（日曜市） ‖高知市‖ にちよういち

☎088-823-9456（高知市產業政策課）
高知市追手筋 每週日5:00～18:00（10～3月5:30～17:00） 休1月1・2日、追手筋的夜來祭舉辦期間 P無
JR高知站步行10分 MAP 91B-2

享受購物樂趣的秘訣

1. 採購當然首選早上時段
早上的商品最齊全豐富，所以還是早點起床出門去吧。

2. 下午3時過後就會開始收攤
午後3時左右就陸續有店家收攤，也有些店會打出折扣促銷。

3. 善用宅配服務
大橋通轉角處設有宅配區，若採買太多的話可選擇宅配運送。

若有任何問題
可到
大橋通的
觀光服務處詢問

其他的街區市集也不可錯過

高知市內除了週日市集外，還有上町的週二市集（火曜市）、百石町的週三市集（水曜市）（私營市集）、高知縣廳前的週四市集（木曜市）和愛宕町一丁目的週五市集（金曜市）。※週日市集僅於每週日營業。

外皮光滑、名為Happy Tomoto的番茄，一盤500日圓

婆婆當天一大早現做的田舍饅頭

用竹皮編成的草履鞋。穿起來好像很舒服♪

當地生產的蜂蜜450ml 3000日圓

也陳列著高知代表性傳統工藝之一的手工刀具

邊做日光浴邊打盹的狗狗

金魚店後方的紅色土佐金魚，當然也能買回家

琳瑯滿目的土佐水果，光看就很開心

有紅、黃、粉紅和白色等顏色繽紛的土佐花卉

只要開口詢問店家都會告知該如何料理

骨董品、古美術品、五金等，來這兒試試挖寶吧

土佐ジロー的雞蛋布丁200日圓，還有蛋糕捲

本日的採買

發祥於高知

炸地瓜（1袋250日圓）
現炸地瓜是人氣商品，1袋約5個。

霜淇淋（1支200日圓）
清爽的口感，讓人一吃就上癮。

蒸饅頭（1個60日圓）
有紫番薯、文旦、紅豆等，口味和顏色都很豐富。

冰麥芽薑茶（1杯100日圓）
逛累了的時候來杯古早味解渴一下吧。

合計610日圓

週日市集附近還有ひろめ市場（P.116），可於吃午餐時順道繞去逛逛。

讓土佐夏天更加熱鬧的夜來祭實在太有趣了

代表南國土佐的夜來祭（よさこい祭り），
現在已經是全國知名的活力慶典。
一起來吧，看完照片後不自覺得想要親身去體驗看看。

夜來祭就是這種感覺

手持響板的舞者，隨著各團隊所自編的夜來舞蹈音樂起舞，在高知縣內各地的競演場、演舞場邊跳舞邊遊行。縣內外共有190組左右的團隊參加，每一組都極具特色。

Information

日程

8月9日（祈願祭、前夜祭、煙火大會）
10日・11日（本祭）
12日（全國大會、後夜祭）

會場

進行審查的競演場有9個，演舞場有7個。

洽詢處

☎088-875-1178（高知商工會議所內夜來祭振興會）HP http://www.cciweb.or.jp/kochi/yosakoiweb/index.html
※只有日文

想要完整觀賞的話可選擇看台座

在可觀賞到全部參加隊伍舞蹈的追手筋本部競演場內，於本祭和全國大會時會設置付費看台座。白天場和夜晚場交替時會進行清場。

事先購票☎088-823-4016（公社 高知市觀光協會）
¥ 指定席1800日圓、自由席1300日圓（預訂於6月下旬在全國超商等處發售）
MAP 91A-2

※以上刊載資訊為2012年的內容

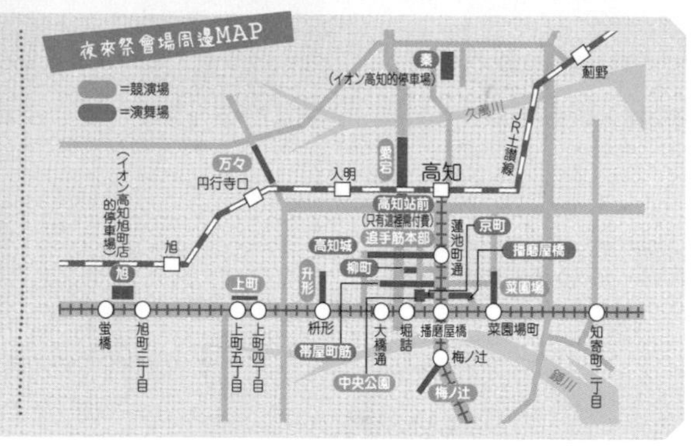

如何確認想看的隊伍

若想知道某舞蹈隊伍正在哪裡表演的話，上「どこいこ」網站查詢即可簡單確認隊伍目前的表演場地。

HP http://dokoiko.inforyoma.or.jp/

夜來祭的 必備物品

服裝

從短外掛、和服到民族服裝、露肚臍的流行服飾都有。

響板

跳舞時一定會拿在手上，並配合音樂發出喀擦喀擦的聲音。

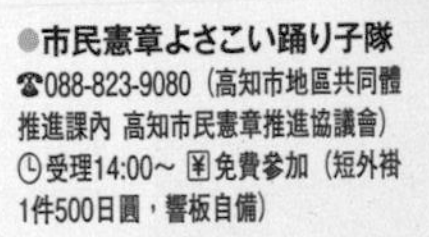

地方車

舞蹈隊伍的前導車，有的會裝上噴出肥皂泡泡等發想獨特的機關。

趁這個難得的機會一起跳舞吧

加入當日參加隊伍的行列一起參與祭典吧！在出發前會練習舞蹈及簡單的動作，因此即便是初次參加也不用擔心。

●**市民憲章よさこい踊り子隊**

☎088-823-9080（高知市地區共同體推進課內 高知市民憲章推進協議會）
受理14:00～ ¥免費參加（短外掛1件500日圓，響板自備）

●**あったか高知舞蹈子隊**

☎088-823-5941（高知旅館飯店公會內「あったか高知踊り子隊」實行委員會）
受理17:00～ ¥參加費預定為2500日圓（附響板、和紙短外掛和保險費）

因為新鮮所以美味
高知的鰹魚還是用炙燒最好吃

提起高知首先想到的就是炙燒鰹魚。
豪邁的厚切魚片灑上調味料，
享用後彷彿也吸取了太平洋的元氣般。

炙燒鰹魚
（10人份12000日圓）

【炙燒鰹魚】カツオのタタキ

在表面以強火炙燒後灑上鹽巴，輕拍讓味道入味。表皮芳香、中間還是生魚片，簡單地只淋上桔醋食用。

炙燒

將魚皮烤到微焦、魚肉只需稍微燒烤；做好後生肉占約9成、烤熟的1成左右，再切成1cm到1.2cm的厚度。

調味料

以新鮮蒜頭切片為基本，再搭配青蔥、洋蔥、茗荷等季節性調味料一起品嘗。

醬汁

添加高知特產柚子所製成的桔醋非常美味。

土佐料理 司高知本店

‖高知市‖とさりょうりつかさこうちほんてん

使用釣獲的超新鮮鰹魚

使用土佐的山產和海鮮、從定食到全餐料理提供多樣選擇的鄉土料理店，鰹魚為產地直送所以格外新鮮。香氣四溢的炙燒鰹魚也可只點1人份（1200日圓）享用。

↑還可享用鰹魚的單品料理和其他珍味
→置有桌椅座、榻榻米席和包廂等

鄉土料理 ☎088-873-4351
高知市はりまや町1-2-15
11:30～21:30（週日、假日11:00～21:00）休 無休
P 有 JR高知站步行10分
MAP 91B-2

初游鰹魚與回頭鰹魚

鰹魚的季節一年有2次。春天到初夏的初游鰹魚風味濃郁，晚秋回頭的鰹魚則是油脂特別豐厚。

將產地特有的美味帶回家

除了公路休息站外，餐廳、海鮮店等場所也都有販賣炙燒鰹魚。外帶則建議選購真空包裝。

明神丸店內販售的稻草炙燒鰹魚二節套組（2375日圓～）

明神丸

‖高知市‖みょうじんまる

點定食或蓋飯輕鬆享用炙燒鰹魚

只選用釣獲的鰹魚，品嘗正統風味的稻草炙燒鰹魚。炙燒鰹魚配白飯的蓋飯只需700日圓左右即可享用非常實惠，定食也廣受好評。店內的一角也有販售外帶炙燒鰹魚。

↑位於弘人市場內、可輕鬆造訪　→能品嘗到鹽與柚子醋風味的鹽炙燒鰹魚

餐廳 ☎088-820-5101 ⌂高知市帯屋町2-3-1 ひろめ市場内 ⓛ11:00～21:00(週日10:00～20:00) 休 不定休(依弘人市場的公休日為準) Ⓟ有 土佐電鐵大橋通電車站步行3分 MAP 91B-2

魚の店 つづき

‖高知市‖さかなのみせつづき

豪邁享用烤好切片的炙燒鰹魚

炙燒後趁鰹魚還溫熱之際享用的「溫熱炙燒鰹魚」創始店。熱騰騰的炙燒鰹魚富含油脂，獨特的甘甜在口中蔓延開來。炙燒鰹魚1000日圓。

↑如居酒屋般風格的店家
←能享用在高知也很罕見的溫熱炙燒鰹魚（1000日圓）

餐廳 ☎088-884-2928 ⌂高知市はりまや町1-4-1 田中ビル2F ⓛ18:00～23:30 休 週日 Ⓟ無 JR高知站步行10分 MAP 91C-2

在鰹魚之町大飽口福

黑潮工房

‖中土佐町‖くろしおこうぼう

以中土佐特有的鮮度自豪

位於溫泉旅館黑潮本陣（P.119）內的餐廳。使用當地漁港捕獲的新鮮鰹魚料理的稻草炙燒鰹魚，讓人忍不住馬上大快朵頤起來。還有炙燒鰹魚的製作體驗。（4～10月左右限定）

↑客人點餐後才開始炙燒
→蒜頭加上青蔥，趁還溫熱時灑上大量的調味料一起享用

餐廳 ☎0889-40-1160 ⌂中土佐町久礼8009-11 ⓛ8:00～15:00(用餐10:30～) 休 第2週四(逢假日、維修時會有變動) Ⓟ有 JR土佐久禮站計程車5分 MAP 附錄①D-6

還有將鰹魚內臟用酒和調味料製成的「酒盜」等單品鰹魚料理也不可錯過。

一定要造訪看看 四周都是森林的寧靜馬路村

清流和森林、還殘留往昔的風景，
以柚子村聞名全國的馬路村。
稍微將行程拉遠些，前往瞧瞧吧。

橫貫村莊的清澈安田川

充滿溫潤感覺的看板吸引人的目光

還保留著舊森林鐵道的通道

馬路村
うまじむら

安田川清流沿岸的馬路村，是全國知名的柚子飲料「ごっくん馬路村」的故鄉。雖然沒有特別的觀光景點，不過有富饒的森林、美味的料理和溫泉。

沐浴在南國陽光下的柚子果實沉甸甸地垂吊在枝頭上

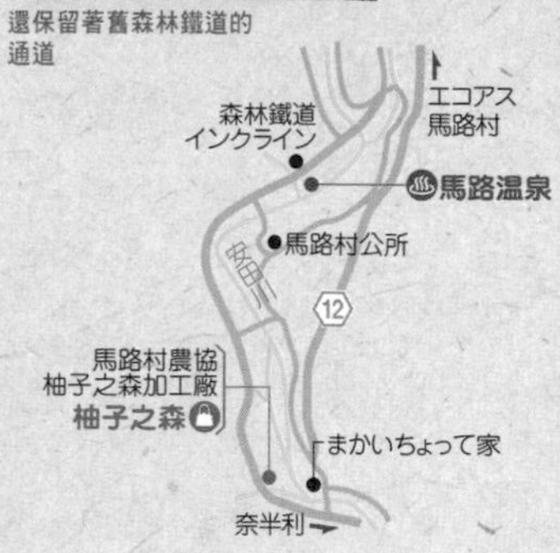

前往馬路村的交通方式

從南國IC走國道55號、縣道12號往馬路村方向車程63km。

可泡溫泉

享受溫泉、料理、自然等馬路風情的旅館

馬路溫泉

うまじおんせん

馬路溫泉帶點黏滑的肌膚觸感，當日往返入浴也OK。設施有溫泉、餐廳、住宿棟、木造小平房等木質風格建築物。

閣樓房型的雙床房

☎0887-44-2026
馬路村馬路3564-1 ⓛ11:00～14:00、16:00～20:30（溫泉10:00～21:00）休無休 ¥入浴費600日圓 P有 MAP附錄①F-5

享受含碳酸氫鹽泉的溫泉

體驗DIY行程

曲げわっぱ製作

直徑約15cm的便當盒大功告成！

杉木或檜木的木板彎曲後製成的工藝品「曲げわっぱ」。在所需1小時30分的DIY中，可體驗將事先已彎好的材料組合、黏著、磨平等工序過程。體驗費2000日圓。

在這裡預約 **まかいちょって家** P.114
☎0887-44-2333(馬路村鄉里中心)

購買森林產品

該村特有的伴手禮一應俱全

ゆずの森

ゆずのもり

馬路村農協柚子之森加工廠腹地內的當地製品直賣店。販售有柚子加工品、木工品、生鮮蔬菜、便當等。

☎0120-559-659
(馬路村農協)
馬路村馬路3888-4
ⓛ8:15～17:00 休無休
P有 MAP附錄①F-5

ごっくん馬路村
125日圓

溫和細緻的
umaji柚子皂
1250日圓

孕育自森林的時尚包

エコアス馬路村

エコアスうまじむら

擁有連紐約近代美術館也公認的設計性、運用木紋設計的簡單外形提包（monacca），相當有人氣。

將間伐材削成薄片、重複堆疊數層製成的提包23760日圓～

☎0887-44-2535
馬路村馬路1464-3
ⓛ8:30～17:30 休週六、日 P有 MAP附錄①F-5

馬路村農協柚子之森加工廠有提供參觀柚子製品的工廠參觀（免費）。詳情請洽☎0120-559-659。

在四萬十川遇見
如風景明信片般的風景

清澈透明的流水、彷彿可穿透般的高空。
河川的景緻竟然能有這麼豐富的表情，以前從來沒見過。
好想一整天、就安安靜靜地凝視這幅美景。

偶而還能
看到撒網等傳統
捕魚方式！？

What's 沉下橋

兩側沒有橋欄，若遇水位高漲整座橋就會沉入水面的一種橋樑設計。在四萬十川的主流設有21座，支流有26座。

岩間沉下橋

勝間沉下橋

四萬十川是這樣的地方

全長196m的清流四萬十川。名字的由來之一，是出自有美麗大河之意的愛奴語「Shi Mamuta」。孕育水中生物和周邊豐富自然的這條河川，罕見地極少有激流、一路以緩慢的流速注入大海。

整個繞上一圈

悠閒遊逛 1日

建議出遊Time

9:00-17:00

可享受邊遊逛從下游到上游的道之站和沉下橋，邊欣賞美麗景色的兜風樂趣，中途還可搭遊覽船。全長196km的大河每個流域都有不同表情，可自由遊覽觀光。

繞來這裡逛逛吧！

四萬十川的特產
大集合

公路休息站 四万十とおわ

みちのえきしまんととおわ

公路休息站內有使用天然香魚和季節蔬菜等當地食材的食堂、地產地消的市場和自行車租借中心等。清流就近在眼前，可飽覽自然風光。

☎0880-28-5421
住四万十町十和川口62-9 ⓛ十和市場8:30～17:00、十和食堂9:00～10:30、11:00～15:30（週三只提供自助餐11:00～14:00）休無休（冬季不定休）P有 車JR十川站計程車5分 MAP附錄①C-6

四萬十川沿岸的とおわ食堂是絕佳的觀景點

山川特產
自助吃到飽

しゃえんじり

由當地農家栽種和料理蔬菜、名符其實的農家餐廳。由於是現採現摘，所以要到當天才能確定菜色。隨時都有10種類以上的菜單可供品嘗。

☎0880-54-1477
住四万十市西土佐口屋内76 ⓛ11:30～14:00 休週三（8月無休）P有 車JR江川崎站計程車30分 MAP附錄①C-6

裝盛竹器也
很漂亮的川蝦麵線

體驗搭遊覽船
順流而下的樂趣

四萬十川觀光開發

しまんとがわかんこうかいはつ

四萬十川的遊覽船有多家公司經營。此設施的行程是往返最靠近河口的流域，可選擇搭乘鋪著榻榻米的屋形船或是揚起白帆的舟母船。

☎0880-36-2227
住四万十市山路2494-1 P有 站土佐黑潮鐵道中村站高知西南交通巴士10分、甲峰下車即到 MAP附錄①C-7

從屋形船將手往外伸即可觸碰到水面

舟母船【3月左右～11月30日運航】
¥2500日圓 ⓛ9:00～16:00每隔1小時出發（所需50分）／預約制

於JR江川崎站、しゃえんじり等場所都可租借自行車，各站均可受理還車。

在鯨魚之城黑潮町賞鯨初體驗

鯨魚是地球上最大的哺乳類動物。
來到高知，當然不可錯失欣賞這巨無霸的機會。
當太平洋和鯨魚就近在眼前，連心情都會變得寬闊起來。

START

1. 準備齊全後前往集合場所

穿上球鞋，望眼鏡和相機的防水保護也別忘了。集合場所的入野港有幅海報插畫為明顯標誌。

2. 抵達觀測點

搭小型遊漁船前往約1小時航乘的近海。從這裡開始移動速度會放慢，以便靜候鯨魚的現身。

3. 令人感動的鯨魚身影

會與其他船隻相互連絡，盡可能設法讓大家能看到鯨魚。運氣好的時候，有時還能遇見一整群鯨魚或海豚。

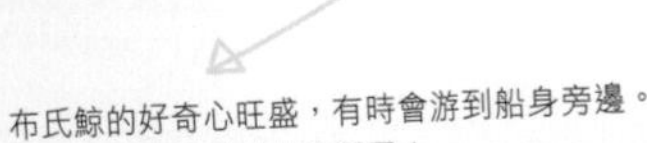

4. 那裡有鯨魚！

布氏鯨的好奇心旺盛，有時會游到船身旁邊。若能近距離看到就太幸運了！

大方賞鯨

‖黑潮町‖おおがたホエールウオッチング

出航季節：4月下旬～10月

屬於淺海灘、溫暖的黑潮町近海，據說布氏鯨一整年都棲息在這兒。黑潮町有入野漁港和上川口漁港，兩邊都可搭乘小型漁船出發賞鯨。預約至前一週為止，4人以上出航。

☎0880-43-1058（大方遊漁船主會事務局）
⌂黑潮町入野 ⌚8:00、10:00、12:00出港
休 不定休（天候不佳時停駛） ¥ 船資5000日圓
P 有 🚉 土佐黑潮鐵道土佐入野站步行15分可到入野漁港 MAP 附錄①C-7

賞鯨小知識

在高知能看到的鯨魚有5、6種，溫暖的5月～8月是最佳季節。有時會因天候不佳而無法出航或是看不到鯨魚，還請理解見諒。

說不定還能看到海豚

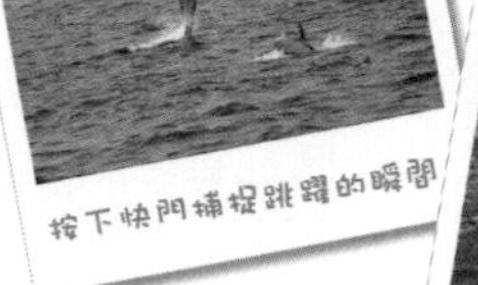

按下快門捕捉跳躍的瞬間

遇到喜歡與人親近的真海豚群

※照片由Whale Watching in 桂濱、大方遊漁船主會事務局提供

●布氏鯨

體長12～14m、體重12～20t。移動時會露出脊鰭優雅地優游，灰色的身軀有時看起來像是褐色或金色。

●偽虎鯨

體長4～5m、體重1～2t。通常結成10～60頭的群體共同生活，有時還會與海豚共遊。身體呈灰黑色。

●抹香鯨

體長11～20m、體重20～36t。四角形的巨大頭部為其特徵，要潛入深海時尾鰭會高舉出水面。

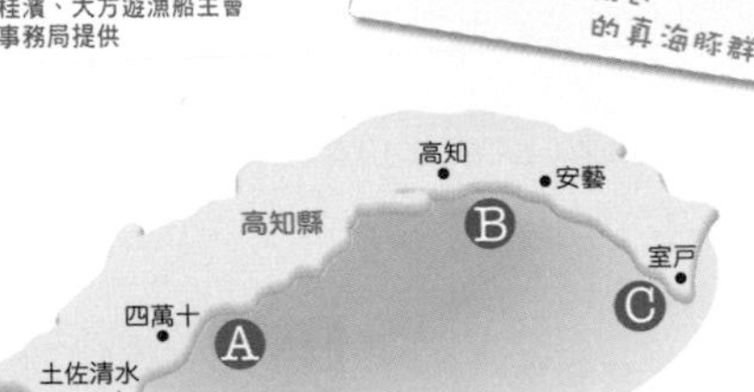

從這裡的港口也能搭乘賞鯨船

Ⓑ Whale Watching in桂濱

‖高知市‖ホエールウオッチングインかつらはま

出航季節：4月底～10月中旬

從桂濱附近的浦戶漁港出航。可邊眺望坂本龍馬銅像和桂濱的船旅也是其中魅力之一，由個性平易近人的坂本夫妻負責介紹導覽。

☎088-848-0639（船東坂本自宅） 高知市浦戸183-1（浦戶漁協） 8:00、13:00（6、10月僅8:30）出航 休不定休（天候不佳時停駛） ¥船資6000日圓 P有 JR高知駅搭乘高知縣交通巴士35分，桂浜下車步行10分 MAP 90B-4

Ⓒ 室戶Marine Leisure

‖室戶市‖むろとマリンレジャー

出航季節：全年

從曾經以古式捕鯨基地而興盛的室戶出海，沒有季風干擾的1月～8月都很適合，都能見到抹香鯨等鯨魚蹤影。

☎0887-27-2572（船東長岡自宅） 室戸市佐喜浜町 8:00出航 休不定休（天候不佳時停駛） ¥船資1艘（最多3人）20000日圓，4人以上1人5000日圓 P有 土佐くろしお鉄道奈半利駅搭乘高知東部交通巴士1小時22分，左喜浜支所前下車步行5分 MAP 附錄①G-5

若事先知道鯨魚會有噴水柱「Blow」和大跳躍「Breaching」等特技，樂趣也會增加不少。

在Hoshino Resorts UTOCO Auberge & Spa 體驗優雅的3天2夜住宿

可以享受到深層海洋水的度假飯店，只待一個晚上就太可惜了。既然來了，就來個3天2夜，從內心享受到外的頂級住宿體驗吧。

保持和人體溫同為37度左右水溫的泳池，就像是包覆在溫暖美容液裡

Hoshino Resorts UTOCO Auberge & Spa

‖室戸市‖ほしのリゾートウトコオーベルジュアンドスパ

整體融入室戶岬風景中的這家飯店，是家讓人進入非日常領域裡，為了成人設計的飯店&Spa。使用100%海洋深層水的深海療法，可以讓五感充分感受到大自然的能量，度過只能在這裡享受到的理想假日。

☎050-3786-0022（Hoshino Resorts預約中心）⌂室戸市室戸岬町6969-1 ⏰Deepsea Therapy中心8:00～20:00（受理～17:00）、餐廳（需預約）晚餐17:30～20:30、飯店IN14:00 OUT11:00 Ⓟ有 📍土佐くろしお鉄道奈半利駅搭乘高知東部交通巴士1小時，ディープシーワールド前下車即到（住宿客提供高知機場、奈半利站的接送，預約制）MAP附錄①G-6

第1天

15:00 Check In

16:00 到泳池放鬆身心

Check In後，到有高浮力的海洋深層水泳池裡療癒疲憊的身體

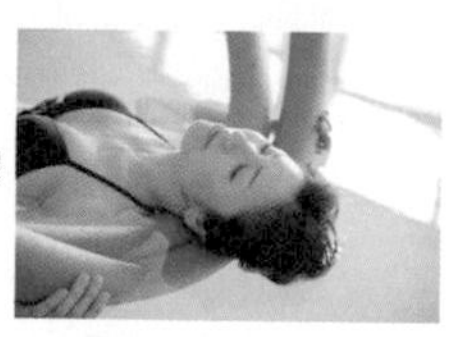

17:45 全身感受涼風

晚餐前出到颱風露台欣賞海景，同時讓室戶的風包覆全身

18:00 晚餐在面海的餐廳享用

加入當令美味的「黑潮義大利餐廳」

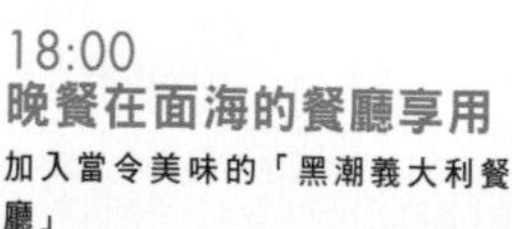

第2天

6:00 在床上觀賞朝陽

所有客房都可以看到朝陽的設計，在水平線升起的朝陽包覆下，強化能量

8:00 晨泳

早餐前漂浮在泳池裡，讓身體覺醒

9:00 大量蔬菜的早餐

享用健康的早餐啟動一天的開始

每週六從高知市內有免費接駁巴士（需預約）前往searest muroto。

11:00
室戶地質公園散步
設施周邊有許多美好大自然的景點！

15:00
Spa施術
可以由多種多樣可以感受到海洋深層水優點的療程裡選擇自己喜歡的，是一大特色

17:00
在圖書室觀賞海景
看著海景好好休憩一番。還有咖啡和香草茶的服務。

18:00　晚餐

第3天

8:00　早餐

9:00
Spa施術
兩天愉快停留的最後，就來趟爽快感十足的頭部按摩

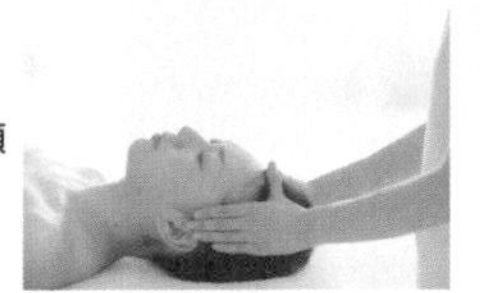

11:00　Check Out

費用方案
1泊2食23000日圓～
1室2人利用時的一人費用

透過海洋深層水讓人精神百倍！

室戶海洋深層水體驗交流中心 searest muroto
‖室戶市‖むろとかいようしんそうすい たいけんこうりゅうセンターシレストむろと

除了有可在教練指導下進行水中按摩、水中伸展的海洋深層水溫水泳池外，還有芬蘭三溫暖、露天浴池、足湯等多樣休閒設施。

☎0887-22-6610 ⌂室戸市室戸岬町3795-1 ⓛ10:00～21:00（週五、六、假日前日～22:00）休第2週三（逢假日則翌日休）￥門票1300日圓（純入浴380日圓）Ⓟ有 📍土佐くろしお鉄道奈半利駅搭乘高知東部交通巴士1小時，ディープシーワールド前即到 MAP附錄①G-6

可邊眺望太平洋邊悠閒享受的泳池

讓人感到療癒的可愛海豚！

室戶海豚中心
‖室戶市‖むろとドルフィンセンター

能親近海豚的景點。有和海豚水中共游的Dolphin Swin以及可觸摸海豚的Dolphin Touch等4種體驗行程。

☎0887-22-1245 ⌂室戸市室戸岬町 室戸岬漁港新港 海の駅とろむ内 ⓛ10:00～16:00 休無休 ￥海豚共泳8640日圓 Ⓟ有 📍土佐くろしお鉄道奈半利駅搭乘高知東部交通巴士51分，室戶營業所下車步行5分
MAP附錄①G-6

水花飛濺的精彩跳躍表演

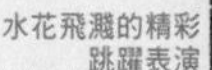

自離海岸2km、深374m的海底汲取的室戶海洋深層水，以潔淨、高礦物成分聞名。

前往足摺岬小旅行
沿著海岸線兜風追逐碧海與藍天

黑潮撞擊而成的斷崖、被海浪侵蝕的洞門etc。
朝著陸地盡頭突出大海的海岬前進，
來趟海岸線兜風之旅吧。

從足摺岬展望台眺望太平洋。還有白色燈塔相映襯

整個繞上一圈

7小時

建議出遊Time

10:00-17:00

位於四國最南端的足摺岬，擁有里阿斯海岸地形及斷崖絕壁綿延的絕景。海岬周邊還有龍串海岸、見殘海岸等景點和可品嘗清水鯖的餐廳，最適合當天往返的旅遊行程。

旅遊小提示

1. 能欣賞壯闊海景的觀景點，都集中在足摺半島。
2. 沿著足摺Sunny Road（國道321號），可見到奇岩怪石綿延的斷崖線。
3. 預留足夠的時間品嘗從漁港直送的名魚──清水鯖等鮮美海產。

彷彿巨木橫躺般的龍串海岸櫛閒岩是不可錯過之景。還有很多壯闊的美麗景觀，相機可別忘了帶。

交通路線

從高知龍馬機場走國道32號往高知IC方向。四萬十町中央IC下來後，走國道56號、321號、縣道348號一路到足摺岬，為全長約91km的長距離兜風路線。

能量景點眾多

太古的神秘石頭「唐人駄馬巨石群」、300年樹齡的大樹「松尾的雀榕」等，非常具有神秘感的能量景點也值得一遊。

JR高知站附近有許多租車公司。可挑選禁菸車等自己喜好的車種

邊眺望看不到盡頭的太平洋，邊享受海岸線的兜風樂趣

在足摺岬前端矗立已餘100年守護著海上船隻安全的白色燈塔

由弘法大師興建的金剛福寺。跟隨遍路者一起參拜吧

白山神社下方、彷彿大門般的外形，為日本最大規模的花崗岩海蝕洞「白山洞門」

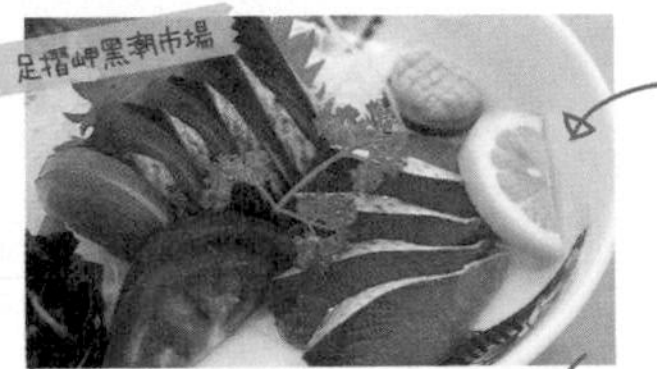

清水鯖魚生魚片（定食1700日圓，未稅），油脂豐富與獨特的口感，吃起來份外鮮甜

受到海浪和風砂侵蝕而成的龍串海岸奇岩景觀震撼力十足

搭乘船底為透明玻璃的玻璃船，輕鬆享受海底漫步

奇岩林立的見殘海岸可利用搭玻璃船時上陸參觀。環繞一周40～50分

足摺岬燈塔

矗立於足摺岬前端的斷崖上、高18m的燈塔。光程距離38km，現為日本第一。

☎0880-82-3155（土佐清水市觀光協會）
住土佐清水市足摺岬
時外觀可自由參觀 P有
MAP附錄①D-8

足摺黑潮市場

設有鄉土料理店的產地直販市場。有販售活清水鯖魚，還可體驗炙燒鰹魚的製作過程（預約制）。

☎0880-83-0151 住土佐清水市清水932-5 時8:00～16:30（餐廳11:00～14:30） 休無休 P有 MAP附錄①C-8

龍串海域公園

日本第一個被指定為海底公園的海域。被海浪和風砂侵蝕而成的不可思議景觀，很值得親眼一見。

☎0880-82-3155（土佐清水市觀光協會）
住土佐清水市竜串 P有
MAP附錄①C-8

龍串觀光汽船

搭上航程約30分鐘的玻璃船，觀察海底的珊瑚礁和熱帶魚等生物。

☎0880-85-0037 住土佐清水市竜串19-10 時8:00～17:00 休無休（天候不佳時停駛） ¥玻璃船1560日圓 P有 MAP附錄①C-8

歡迎來到高知的個性派博物館

以白砂綠松的入野海岸為舞台的砂濱美術館
及歌頌植物學者牧野富太郎功績的植物園。
以下介紹二間將大海和植物化身為藝術的博物館。

1被風吹拂的搖擺T恤
2隨海流而來的漂流物也變身成為作品
3沙灘上的風景皆可視為藝術

在沒有建築物的美術館中，自然風景本身就是作品

砂濱美術館 ‖黑潮町‖すなはまびじゅつかん

以全長4km的美麗入野海岸為舞台的砂濱美術館。展示物為海浪和沙灘、近海優游的鯨魚、沙灘上盛開的辣韮花、漂流物等，所有的風景皆是作品。5月上旬會舉辦展示1000件T恤的T恤藝術展。除了拼布展和漂流物展外，還會舉行觀賞同時也是美術館長的布氏鯨賞鯨活動。

☎0880-43-4915
(砂濱美術館事務局)
⌂黑潮町入野 ⏰自由參觀
(需確認活動舉辦日)
休無休 P有 🚉土佐黑潮鐵道土佐入野站步行10分 MAP 附錄①C-7

博物館商品

布氏鯨的偶像
840日圓
可以放在手上大小的館長，也是鯨魚迷們最愛的正統派。

隨著時間經過會改變模樣的作品

天井是一望無際的藍天

綠色山巒也是畫布的一部分

被風吹動而變化表情的拼布

辣韮花是秋天的代表作

與漫畫有關的藝術景點也不容錯過

設於麵包超人的作者、漫畫家柳瀨嵩出生地的麵包超人博物館，是大人小孩都喜愛的美術館。P.116

1繽紛春天的50周年紀念庭園
2館內的展示區「植物的世界」
3本館餐廳內的午餐菜色

高知／個性派博物館

可感受野生花草魅力的藝術風植物園

高知縣立牧野植物園 ‖高知市‖こうちけんりつまきのしょくぶつえん

位於五台山的山頂附近、日本屈指可數的綜合植物園。以約3000種類的植物為首，還有介紹世界植物學者牧野富太郎的成就與魅力的展示館、四季花草美麗綻放的50周年紀念庭園、重現熱帶雨林的溫室等諸多景點。

☎088-882-2601
高知市五台山4200-6 ◷9:00～17:00 休無休 ¥門票700日圓 P有
JR高知站計程車20分
MAP 90C-2

博物館商店

牧野富太郎植物畫收藏集　1260日圓（未稅）

由博士的植物畫集結而成的明信片，包含跟著博士學習的畫工們作品在內、共計26張的套組。

綠意盎然的入口通道

使用高知木材的溫暖空間

本館和展示館間以迴廊相連結

在展示館的中庭散步

重現博士的工作室模樣

雲上之町的
美麗建築作品

町內幾乎被森林佔據的檮原町中
有棟充滿溫度、設計新穎的建築物。
設計者為隈研吾。來一趟鑑賞建築之旅吧。

1由杉木和檜木交織而成的「雲上藝廊」外觀。「雲の上のホテル」內附設了藝廊、溫泉和游泳池，藝廊的走廊同時也具備連結飯店和溫泉的功能 2可欣賞藝廊的多彩展示（免費入場） 3利用地熱的室內游泳池。可在木頭香氣環繞下水中漫步，讓身心煥然一新！ 4雲の上のホテル藝廊棟內如秘境般的總統套房 5總統套房為樓中樓樣式，附廚房和客廳

檮原的自然能源

風力、少許水力、太陽光和以間伐材為原料的粒狀木質燃料等，活用「風」「水」「光」「森」等綠色能源的檮原町，現在已成為全國的注目焦點。

6雲の上のホテル的夜晚景觀。據說是隈研吾建築師以飛躍雲上的飛機為意象所設計　7マルシェ・ユスハラ的外牆，是以檮原町內大量殘留茶堂的茅草屋頂為發想的設計　8附設町之站的「マルシェ・ユスハラ」玄關　9まちの駅ゆすはら店內的挑高空間

在森林環繞中讓身心得到療癒

雲の上のホテル

くものうえのホテル

從任何一間客房都能欣賞到美麗綠意。使用當地食材的全餐料理和飯店特製的乳酪蛋糕頗受好評，還可在有美肌效果的源泉溫泉悠閒舒適地泡個湯。

☎0889-65-1100 檮原町太郎川3799-3 IN15:00 OUT10:00 ¥1泊2食10000日圓（未稅）～※1室2名利用時的一人費用 P有 JR須崎站高知高陵交通巴士1小時10分，太郎川公園下車即到 MAP附錄①C-5

附設人群聚集的Marché（市集）

マルシェ・ユスハラ

以雲の上のホテル的別館之姿興建的住宿設施。館內充滿著原木的溫暖風格，展現出檮原的魅力。簡約的室內設計感覺相當舒適。

☎0889-65-1288 檮原町梼原1196-1 IN15:00 OUT11:00 ¥1泊2食12500日圓（未稅）～ ※1室2名利用時的一人費用 P有 JR須崎站高知高陵交通巴士1小時10分，檮原下車即到 MAP附錄①C-5

羅列著當地的招牌伴手禮

まちの駅ゆすはら

まちのえきゆすはら

販售特產品的マルシェ・ユスハラ與住宿設施的まちの駅，都同樣位於這棟茅草外牆的獨特建築物內。以森林為設計意象的店內，當地蔬菜、雞蛋、加工品等羅列。

☎0889-65-1117 檮原町梼原1196-1 8:30～18:00 休無休 P有 JR須崎站高知高陵交通巴士1小時10分，檮原下車即到 MAP附錄①C-5

雖然各種想吃美食當前 在高知，首選當然是當地料理

從鍋燒拉麵到皿鉢料理，
高知的料理無論在視覺或是味覺上都能讓人滿足。
鯨魚料理和土佐ジロー等珍味也很值得一嘗。

【鯨魚料理】

在捕鯨盛行的高知，鯨魚料理自古以來就是當地名產。所食用的鯨魚是為了解開海洋生態系而捕獲的小鬚鯨，以生魚片或油炸來調理。在鯨亭能品嘗到從一般到珍味等約20種類的鯨魚料理。

↑以鯨魚赤身捏製的握壽司（756日圓） ↓1樓有吧檯座、桌椅座與和室間

醉鯨亭 高知店

‖高知市‖すいげいていこうちてん

鄉土料理 ☎088-882-6577
高知市南はりまや町1-17-25 11:30～14:00、17:00～21:30（週日、假日為夜間營業） 休 週日（逢連休則最後一日） P 無 土佐電鐵はりまや橋電車站即到 MAP 91C-2

【土佐ジロー】

土佐地雞和羅德島紅雞配種生出僅繁衍一代的雜種雞。脂肪少，軟硬適中的咬感，肉汁甘甜濃郁。雞蛋偏小卻營養價值高，味道香濃。在こうじ家能吃到以壽喜燒、炙烤或炸雞塊等烹調方式的土佐ジロー料理。

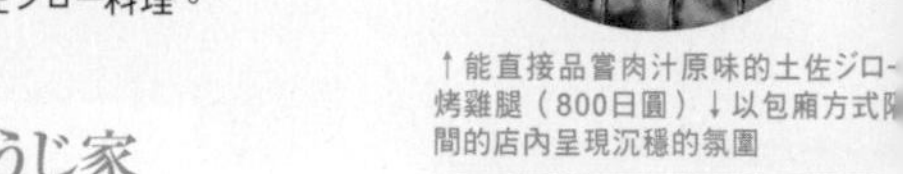

↑能直接品嘗肉汁原味的土佐ジロー烤雞腿（800日圓）↓以包廂方式隔間的店內呈現沉穩的氛圍

こうじ家

‖高知市‖こうじや

鄉土料理 ☎088-875-1233
高知市廿代町7-23 マツチヨビル2·3F 17:00～23:00 休 週日（逢連休則最後一日休） P 無 JR高知站步行10分 MAP 91B-2

【皿鉢料理】

將生魚片、炙燒鰹魚、鯖姿壽司和棒壽司等壽司類以及煮物、炸物、燒烤、水果等，多樣料理一起放在大盤子中的高知宴會料理。一般來說一盤約為4、5人份，但本池澤的菜單中也提供2、3人就可享受的皿鉢三昧（7100日圓）。

↑生鰹銀皮生魚片（1540日圓）
↓2樓設有桌椅座與和室間

皿鉢料理（4、5人份）
12600日圓
※最遲2天前預約

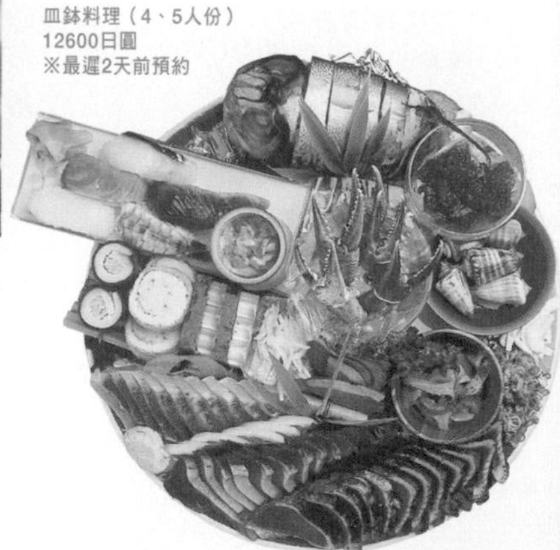

依季節內容物會有所不同

本池澤

‖高知市‖ほんいけざわ

鄉土料理 ☎088-873-3231
高知市本町2-1-19 11:00～15:00、17:00～21:30 休 無休 P 有 土佐電鐵大橋通電車站即到 MAP 91B-2

四萬十的特產也不容錯過

四萬十川是高知引以為豪的清流。春天有杜父魚，夏天有鰻魚、香魚、川蝦，以及冬天的青海苔。在縣內的餐廳都能吃得到，請務必點來品嘗看看。

【鍋燒拉麵】

須崎市的名產，市內約有40家鍋燒拉麵店。將湯頭在鍋中煮滾、在沸騰狀態下出菜，所以直到食用完畢湯汁都還是熱的。雞骨熬煮的醬油湯頭和稍硬的細麵口感極搭，雞肉、生蛋和竹輪等則是基本配料。

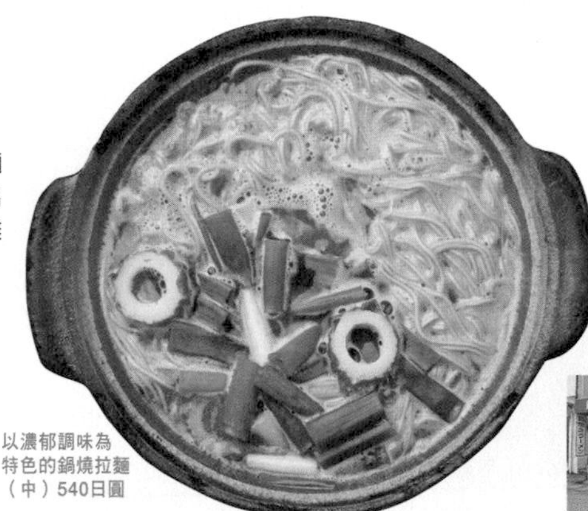

以濃郁調味為特色的鍋燒拉麵（中）540日圓

↑此旗幟為明顯標誌

↓有名的鍋燒拉麵專門店

橋本食堂

‖須崎市‖はしもとしょくどう

拉麵 ☎0889-42-2201 ⌂須崎市横町4-19 ⏱11:00～14:50 休週日、假日 P有 🚉JR土佐新莊站步行10分 MAP附錄①D-5

【土佐赤牛】

擁有韓牛系統的血統，肉質非常細緻，加熱後肉汁甘甜、溫潤的風味就會散發出來。含有適度的油脂所以肉質軟嫩，適合用來烤肉或煎牛排。在もとやま四季菜館能吃到牛排等料理。

↑土佐赤牛牛排3000日圓～

もとやま四季菜館

‖本山町‖もとやましきさいかん

↓沉穩氛圍的店內

歐風料理 ☎0887-76-4337
⌂本山町本山582-2
⏱11:00～13:30(週日、假日～14:00)、17:00～20:00 休週三(逢假日則營業～14:00)
P有 🚗JR大杉站計程車20分
MAP附錄①E-4

也不可錯過當地的麵包

【帽子麵包】ぼうしパン

©ぼうしパンくん

高知縣的麵包店中必定會有的當地麵包。麵包做成帽子造型，帽緣是烘烤酥脆的甜蛋糕，中間部分則是和菠蘿麵包一樣的蓬鬆麵包加上蛋糕的合體。有的也會加入鮮奶油、紅豆餡或是果醬等餡料。

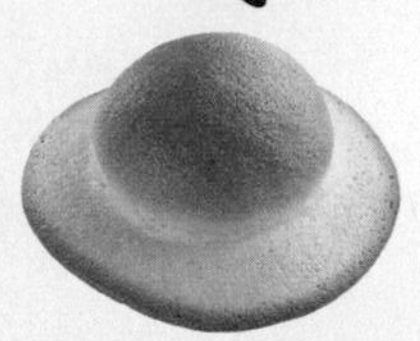

↑帽子麵包（140日圓）等，店內通常會陳列5、6種帽子麵包

boulangerie Monamona

‖高知市‖ブーランジェリーモナモナ

麵包 ☎088-822-3403
⌂高知市愛宕町1-9-16
⏱7:30～18:30 休週日 P有
🚉JR高知站步行10分
MAP91B-1

→有多達100種創作麵包的人氣店

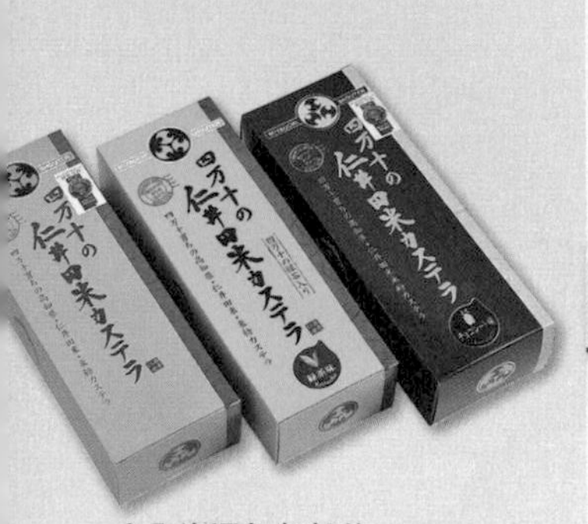

完全沒添加麵粉的
仁井田米蜂蜜蛋糕

A

龍馬靴子
外形的
香脆沙彼列酥餅

B

C

顏色、圖案
每件都不一。
可依自己喜好使用

D

專門店
精選出的土佐地酒

把喜歡的帶回家吧

小旅行中的小確幸@高知

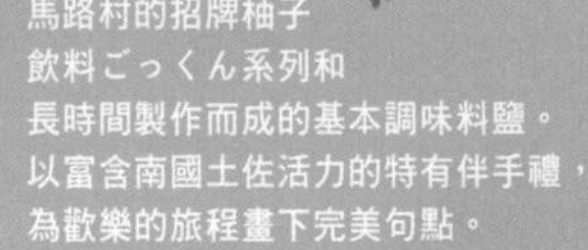

馬路村的招牌柚子
飲料ごっくん系列和
長時間製作而成的基本調味料鹽。
以富含南國土佐活力的特有伴手禮，
為歡樂的旅程畫下完美句點。

E

口感微甜、
有咬勁

F

使用馬路村柚子製成的
美味瓶裝產品種類豐富

A使用100%仁井田米的米粉製成、口感Q彈濕潤的仁井田米蜂蜜蛋糕（1盒1000日圓）**B**大量使用土佐次郎土雞的雞蛋，烤成的香酥甜美的餅乾（8個裝540日圓）**C**重現江戶時代從長崎帶過來的彩旗（大漁旗），重新漂白製成的布簾（2000日圓～）**D**從高知縣內各酒廠收集而來的地酒與四萬十青海菜佃煮等高知特產品的組合「酒の皿鉢」（10500日圓）**E**堅干，就是混合麵粉和糖後烤成條狀的簡單點心。元祖西川屋堅干（3個袋裝324日圓）**F**馬路村的招牌「ごっくん馬路村」（180mℓ 120日圓）等香氣濃郁的各式柚子產品

SHOP LIST

A ゆういんぐ四万十（ゆういんぐしまんと）
☎0880-22-5188 ⌂四万十町東大奈路514-14 ⏲7:00～20:00（餐廳～19:30） 休無休 P有 🚉JR窪川站車程3km MAP附錄①D-6

B 高知まるごと物產館（こうちまるごとぶっさんかん）
☎088-803-5031 ⌂高知市帯屋町2-3-1弘人市場內 ⏲10:00～18:30（週日為8:00～18:00） 休比照弘人市場公休日 P有 🚉土佐電鐵大橋通電車站步行3分 MAP91B-2

C おっこう屋（おっこうや）
☎0887-55-3468 ⌂香南市赤岡町448-1 ⏲10:00～18:00 休週四 P有 🚉土佐黒潮鐵道あかおか站步行5分 MAP附錄①F-5

D 地酒屋（じざけや）
☎0880-27-0006 ⌂四万十町大正459-13 ⏲8:00～18:00（週日～17:00） 休不定休 P無 🚉JR土佐大正站步行10分 MAP附錄①C-6

E 西川屋老舗（にしがわやしにせ）
☎088-882-1734 ⌂高知市知寄町1-7-2 ⏲9:00～19:00 休無休 P有 🚉土佐電鐵知寄町1丁目站即到 MAP90B-2

F まかいちょって家（まかいちょってや）
☎0887-44-2333 ⌂馬路村馬路382-1 ⏲9:00～17:00 休無休 P有 🚗南國IC車程67km MAP附錄①F-5

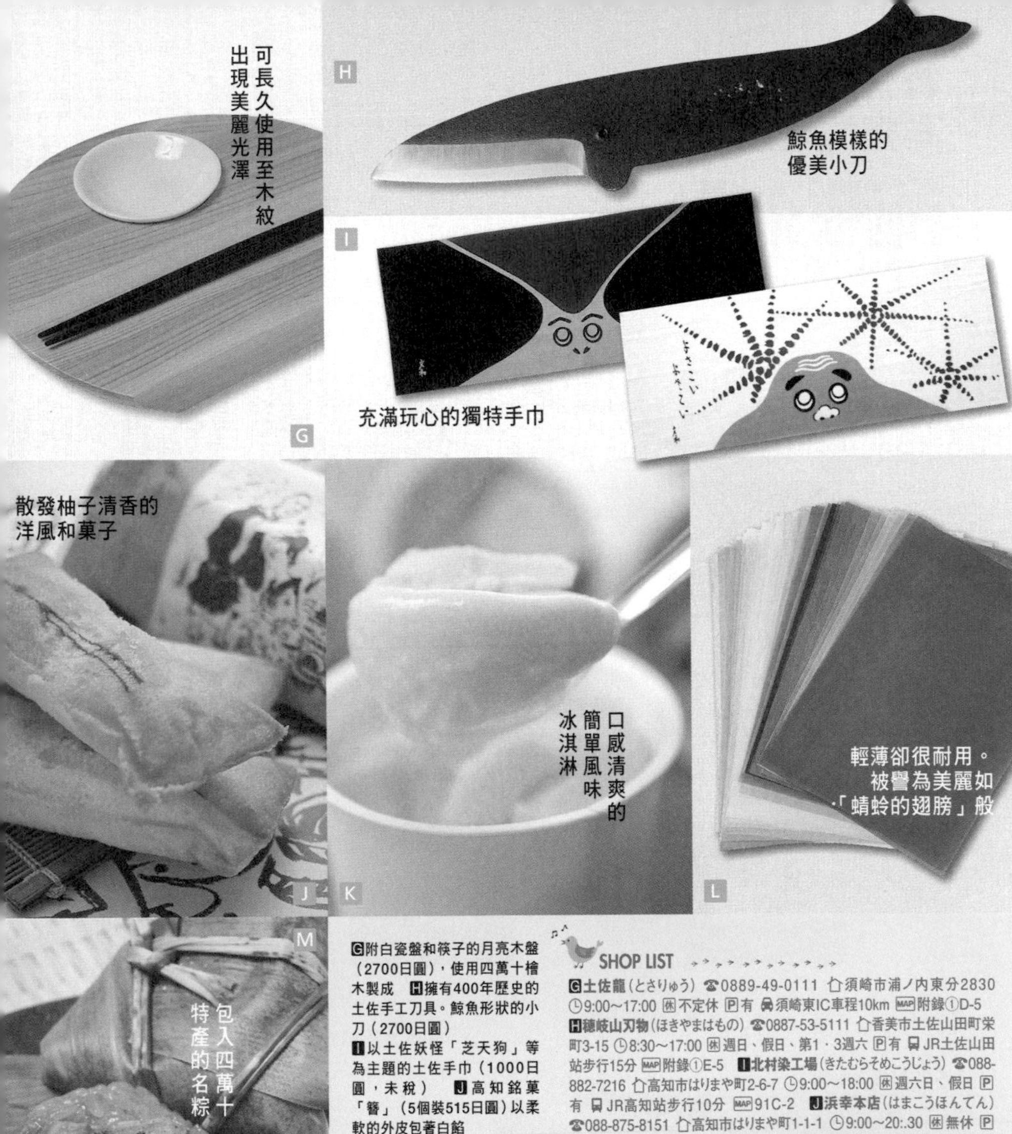

G附白瓷盤和筷子的月亮木盤（2700日圓），使用四萬十檜木製成　H擁有400年歷史的土佐手工刀具。鯨魚形狀的小刀（2700日圓）

I以土佐妖怪「芝天狗」等為主題的土佐手巾（1000日圓，未稅）　J高知銘菓「簪」（5個裝515日圓）以柔軟的外皮包著白餡

K高知當地的古早味冰淇淋（110日圓～）　L土佐典具帖紙（層次染50張2138日圓），是由人間國寶濱田幸雄先生傳承至今的傳統工藝和紙。　M由四萬十黑糯米和高知產鰻魚製成的冷凍粽（野生鰻5個裝2625日圓，養殖鰻5個裝1800日圓）

SHOP LIST

G土佐龍（とさりゅう）☎0889-49-0111 須崎市浦ノ内東分2830 9:00～17:00 休不定休 P有 須崎東IC車程10km MAP附錄①D-5
H穂岐山刃物（ほきやまはもの）☎0887-53-5111 香美市土佐山田町栄町3-15 8:30～17:00 休週日、假日、第1・3週六 P有 JR土佐山田站步行15分 MAP附錄①E-5
I北村染工場（きたむらそめこうじょう）☎088-882-7216 高知市はりまや町2-6-7 9:00～18:00 休週六日、假日 P有 JR高知站步行10分 MAP91C-2
J浜幸本店（はまこうほんてん）☎088-875-8151 高知市はりまや町1-1-1 9:00～20:.30 休無休 P無 JR高知站步行10分 MAP91C-2
K1×1=1（いちかけるいちはいち）☎088-882-4852 高知市南はりまや町2-3-12 9:00～18:00 休週三休（逢假日則照常營業，6～8月無休）P無 土佐電鐵播磨屋橋電車站步行5分 MAP91C-3
Lいの町紙の博物館（いのちょうかみのはくぶつかん）☎088-893-0886 いの町幸町110-1 9:00～16:30（製紙體驗～16:00）休週一（逢假日則翌日休）P有 JR伊野站步行10分 MAP附錄①E-5
M四万十屋（しまんとや）☎0880-36-2828 四万十市山路2494-1 10:00～16:00（賣店9:00～17:00）休無休 P有 土佐黑潮鐵道中村站高知西南交通巴士10分，甲峰下車即到 MAP附錄①C-7

還有還有很多 高知的可逛景點

除了與坂本龍馬有關的桂濱外，
還有近郊的製紙體驗設施、四萬十川的名勝等等。
以下是海、山、川等豐富自然景點的導覽介紹。

高知市｜高知縣立美術館
こうちけんりつびじゅつかん

☎088-866-8000 ⌂高知市高須353-2
Ⓛ9:00～16:30 休有臨時休 ¥門票360日圓（企劃展、特別展要另外付費） P有 電土佐電鐵縣立美術館通電車站步行5分 MAP90C-2

常設展示夏卡爾作品

介紹和高知淵源深厚的攝影家石元泰博和夏卡爾的作品等二大收藏。會舉辦各種領域的企劃展和大廳公演。

高知市｜桂濱
かつらはま

☎088-823-9457（高知市觀光振興課）
⌂高知市浦戸 P有
巴桂浜巴士站步行5分
MAP90C-4

高知有數的觀光景點

位於高知市南邊、面太平洋的風景勝地，名列日本海岸百選之一。周圍一帶為整修完善的桂濱公園，並矗立著望向遠方的坂本龍馬銅像。

高知市｜高知縣立坂本龍馬記念館
こうちけんりつさかもとりょうまきねんかん

☎088-841-0001 ⌂高知市浦戸城山830
Ⓛ9:00～17:00 休無休 ¥門票500日圓
P有 巴龍馬記念館前巴士站步行3分
MAP90C-4

若想更深入認識龍馬就來這兒

位於桂濱公園內、風格活潑的建築物。除了展示龍馬的親筆書簡等眾多珍貴資料外，並透過面板和史料介紹龍馬的一生。

高知市｜土佐犬園區
とさいぬパーク

☎050-3033-3166 ⌂高知市浦戸6 桂浜公園內
Ⓛ9:00～16:30 休無休 ¥門票500日圓，和土佐犬散步行程（需預約）5000日圓 P有
巴桂浜巴士站即到 MAP90C-4

去看看可愛的小狗

可以近距離觀賞高知天然記念物「土佐犬」的設施。和相撲一樣都有排序，也有進土俵的儀式。設有可以和土佐犬幼犬親近的廣場。

高知市｜graffiti
ぐらふぃてぃ

☎088-878-0051（graffiti）
⌂高知市北本町4-1-23
Ⓛ11:00～19:00 休週二 P有 電JR高知站步行20分 MAP90B-2

藝術發信地的倉庫

原本是儲藏稻草製品、江之口川沿岸的倉庫群，將其中一棟改裝成為藝廊。除了藝術雜貨外，還附設咖啡廳。

香美市｜香美市立柳瀨嵩記念館 麵包超人博物館
かみしりつやなせたかしきねんかんアンパンマンミュージアム

☎0887-59-2300 ⌂香美市香北町美良布1224-2 Ⓛ9:30～16:30（7月20日～8月31日9:00～）休週二（逢假日則翌日休） ¥門票700日圓 P有 巴アンパンマンミュージアム前巴士站下車即到 MAP附錄①F-5

麵包超人的世界

香美市是麵包超人的作者柳瀨嵩的故鄉。麵包超人的原稿和麵包超人世界的透視畫展示，都很值得一看。

前往獨特的市場

●高知市

ひろめ市場 ひろめいちば

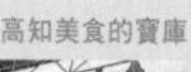

高知美食的寶庫

高知「美味」大集合

可在自由座位區品嘗使用鰹魚、鯨魚、地瓜條等高知特產品的料理，共計有約60間店鋪。

☎088-822-5287 ⌂高知市帯屋町2-3-1 Ⓛ8:00～23:00（週日7:00～，視店鋪而異） 休1、5、9月的第2或第3週三 P有 電土佐電鐵大橋通電車站步行即到 MAP91B-2

●中土佐町

久禮大正町市場 くれたいしょうまちいちば

細長拱廊街內店家比鄰而立

明治時代時，漁民的妻子販售先生和小孩捕到的魚獲為起始。滿是新鮮的魚和蔬菜等，是市民最好的選購市場。

☎0889-52-2060（浜ちゃん食堂） ⌂中土佐町久礼大正町 Ⓛ視店鋪而異 休天候不佳時休 P有 電JR土佐久禮站步行7分 MAP附錄①D-6

充滿懷舊氛圍的市場

香美市 **龍河洞**
りゅうがどう

☎0887-53-2144（龍河洞保存會）地香美市土佐山田町逆川 ⏰8:30～17:00（12～2月～16:30）休無休 ¥觀光行程1100日圓、冒險行程（預約制）2100日圓 P有 📍龍河洞巴士站即到 MAP附錄①F-5

洞內有挖掘到素燒陶器

全長4km、目前只開放其中約1km的鐘乳石洞，已被指定為天然紀念物。經過經年累月侵蝕而成的玉簾瀑布為可觀景點之一。

四万十市 **四萬十市蜻蜓自然公園** 
しまんとしトンボしぜんこうえん

☎0880-37-4110
地四万十市具同8055-5
⏰自由入園 P有
🚗土佐黑潮鐵道中村站計程車10分
MAP附錄①C-7

沿著遊步道悠閒參觀

世界第一座蜻蜓保護區。境內設有睡蓮和鳶尾花等四季花卉盛開的蜻蜓池、蜻蜓與魚的展示館等。

室戸市 **室戸岬**
むろとみさき

☎0887-22-5134（室戸市商工観光深層水課）
地室戸市室戸岬町
P有 📍室戸岬巴士站即到
MAP附錄①G-6

眺望遼闊的太平洋

地處四國東南端的海岬。尖端突出於太平洋的V字型海岸線長達53.3km，大部分已被指定為室戸阿南海岸國家公園。

室戸市 **室戸海洋深層水AQUA FARM**
むろとかいようしんそうすいアクア・ファーム

☎0887-24-2822 地室戸市室戸岬町3507-1
⏰9:00～17:00 休週日、假日 ¥免費入館
P有 📍高岡神社前巴士站即到
MAP附錄①G-6

一窺海洋深層水的神秘

從室戶岬近海汲取海洋深層水的設施。除了以面板展示等介紹海洋深層水外，還販售海洋深層水的相關商品。

室戸市 **海の駅とろむ**
うみのえきとろむ

☎0887-22-0051 地室戸市室戸岬町6810-152 ⏰9:00～17:00（餐廳11:00～）休週三（逢假日則照常營業） P有 📍室戸營業所巴士站步行5分 MAP附錄①G-6

品嘗太平洋捕獲的新鮮魚獲

設有餐廳和物產販賣部，還可以參加稻桿炙燒半熟鰹魚體驗，和製作魚乾的體驗（體驗需預約）。

北川村 **北川村「莫內庭園」馬摩丹**
きたがわむらモネのにわマルモッタン

☎0887-32-1233 地北川村野友甲1100 ⏰10:00～17:00 休週二（逢假日則營業，冬季有整修休園） ¥門票700日圓（12、1月免費） P有 📍モネの庭巴士站即到 MAP附錄①F-5

沉浸在莫內的繪畫世界

仿造莫內深愛的自宅庭園設計而成，並綻放著從莫內庭園移植過來的睡蓮。設有咖啡廳、手作工房、商店等。

土佐清水市 **海癒**
かいゆ

☎0880-82-8500 地土佐清水市大岐の浜2777-12 ⏰13:00～19:00 休週二、冬季有整修休館（需確認） ¥入浴費950日圓，包租浴池1小時1室3000日圓 P有 📍大岐の浜巴士站即到 MAP附錄①C-7

眼前即一望無際的太平洋

使用土佐天然素材建造的建築物，並將太平洋吹拂的風徑也放入設計考量。溫泉是以柴薪加溫的源泉湯，附設有住宿設施。

安芸市 **土居廓中武家屋敷**
どいかちゅうぶけやしき

☎0887-34-8344（安芸観光情報中心）
地安芸市土居 ⏰外觀可自由參觀（野村邸的參觀8:30～17:00） 休無休 ¥野村邸參觀免費 📍西木戸巴士站即到 MAP附錄①F-5

一窺藩政時代的街景

安藝城跡周邊、武家屋敷林立的一帶被稱為土居廓中，還殘留著藩政時代的風情。已被選定為國家重要傳統建造物群保存地區。

梼原町 **紙漉き体験民宿かみこや**
かみすきたいけんみんしゅくかみこや

☎0889-68-0355 地梼原町太田戸1678 ⏰需洽詢 休12～2月 ¥製紙體驗（5人參加時，預約制）1人2000日圓、附2餐8500日圓～ P有 🚗須崎東IC車程65km MAP附錄①C-5

將梼原的自然融入和紙

可在荷蘭出身的和紙工藝家Rogier Uitenboogaart指導下體驗製紙過程，並附設落實環保理念的樂活住宿設施。

來到高知之後 推薦的飯店&旅館

擁有壯闊景色的太平洋、
空氣清新的山野樹林等大自然恩惠的高知縣。
能讓身心煥然一新的住宿選擇也相當豐富。

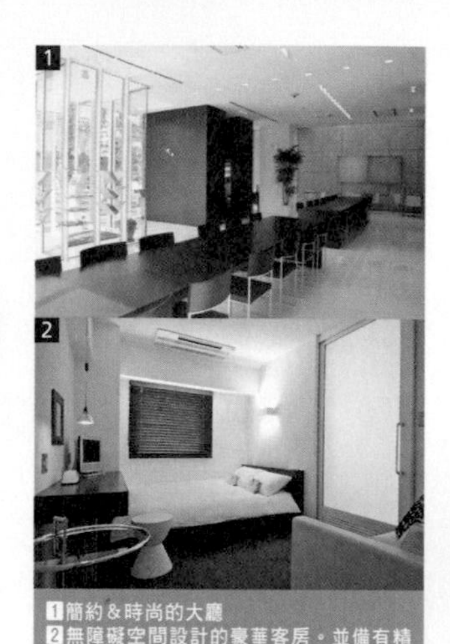

1簡約&時尚的大廳
2無障礙空間設計的豪華客房。並備有精心挑選的家具

高雅空間的商務飯店
7 days Hotel plus

‖高知市‖ セブンデイズホテルプラス

位於高知市中心的時髦商務飯店。彷彿樣品屋般的客房內，備有舒適的特製床墊。

Check
①供應現烤麵包和咖啡的免費早餐
②裝飾著版畫家松林誠的作品
③特別訂製的獨立筒床墊

¥單人房5620日圓～、雙床房8980日圓、雙人房7700日圓 ☎088-884-7111 ⌂高知市はりまや町2-13-6 ⌚IN15:00 OUT10:00 P有 🚃土佐電鐵蓮池町通電車站即到 MAP 91C-2

1位於四萬十川的河口、四周綠意環繞
2客房以灰泥、和紙和竹子等天然素材裝飾

以療癒為主題的生態飯店
四万十の宿

‖四万十市‖しまんとのやど

設有溫泉和餐廳、位於「四萬十療癒之鄉」的住宿。客房有附露天浴池和閣樓的房型，以四萬十川和太平洋豐富食材所製作的料理也很受到好評。

Check
①以「與大自然一同呼吸」為理念
②入浴設施有海水露天浴池等
③整體設施使用大量的天然素材

¥1泊2食13392日圓～ ☎0880-33-1600 ⌂四万十市下田北戎山3370 ⌚IN15:00 OUT10:00 P有 🚗土佐黑潮鐵道中村站計程車15分 MAP 附錄①C-7 ●有露天浴池

1與飯店棟有吊橋相連結的別墅，為美麗木質風格的現代和風空間
2接引自土佐山溫泉的露天浴池

客房和料理等均出自土佐當地資源的旅館
Auberge Tosayama

‖高知市‖オーベルジュとさやま

由12間客房的飯店棟和4棟別墅組成，為使用當地木材與和紙等素材的土佐風格建築物。以土佐山當地的山珍海味和蔬菜烹調的會席料理也很有魅力。

Check
①大浴場可以眺望綠意盎然的群山
②客房的現代和風設計很有品味
③配備Bang & Olufsen的音響

¥1泊2食17430日圓～ ☎088-850-6911 ⌂高知市土佐山東川661 ⌚IN15:00 OUT11:00 P有 🚗JR高知站計程車30分 MAP 附錄①E-5 ●有接送服務（需預約） ●有露天浴池

1從眼前的太平洋汲取海水加熱的露天浴池「汐湯」
2餐點為中土佐的鄉土料理

眼前即寬闊太平洋的
絕佳地理位置

黑潮本陣

‖中土佐町‖くろしおほんじん

土佐十景之一、可眺望雙名島的公共住宿設施。大浴場和餐廳、所有的客房均可一望遼闊的太平洋。還設有可體驗製作炙燒鰹魚的工房。

Check

①晚餐供應炙燒鰹魚等太平洋的海產
②本館以江戶時代的宿場為設計意象
③還有6棟別墅

¥1泊2食16350日圓～ ☎0889-52-3500 ⌂中土佐町久礼8009-11 ⓛIN15:00 OUT10:00 休第2週四 P有 JR土佐久禮站計程車5分 MAP附錄①D-6
●有接送服務 ●有露天浴池

1以18個面構成的圓筒形外觀相當引人注目
2客房除了雙床房外，還有小雙人床房、和室等房型

松樹林和白砂相映襯的
海邊餐廳飯店

ネスト･ウエストガーデン土佐

‖黒潮町‖ネスト・ウエストガーデンとさ

建於砂濱美術館附近，從客房、大浴場、草坪庭園等各處都能感受到大海的氣息。料理會使用自家栽種的香草等食材。

Check

①地處土佐西南大規模公園內的風景勝地
②晚餐可選擇西餐或是日本料理
③也可當天往返入浴

¥和室4300日圓（未稅）、雙床房5700日圓（未稅）、小雙人房5000日圓（未稅）（2名利用時的1人費用） ☎0880-43-0101 ⌂黒潮町入野184 ⓛIN15:00 OUT10:00 P有 土佐黑潮鐵道土佐入野站步行10分 MAP附錄①D-7 ●有接送服務

1經營民宿的上田先生一家人。若為好天氣也會到屋外享用B.B.Q
2還可到附近的小河釣魚

與農家一同度過如
老家般的時光

農家体験民宿いちょうの樹

‖檮原町‖のうかたいけんみんしゅくいちょうのき

位於愛媛縣境的山間，因「想體驗鄉下生活」的念頭而開始經營的農家。可體驗採收蔬菜、編草鞋等一年四季的農家生活。

Check

①2000年開業的四國第一間農家民宿
②可體驗炭烤或製作蒟蒻
③平常會栽種約50種類的減農藥蔬菜

¥1泊2食7000日圓～ ☎0889-65-0418 ⌂檮原町川西路1921
ⓛIN13:00 OUT11:00 P有 JR須崎站高知高陵交通巴士1小時，檮原下車步行10分 MAP附錄①C-5

詳細資訊請上各飯店的網站查詢。

時髦派和自然派都能滿足高知的住宿資訊

優質品味的商務飯店、利用廢棄學校建築物的旅館等，個性派齊聚的高知住宿精選介紹如下。

住宿費用，是以淡季平日、客房數最多的房型，
2名1室利用時1人的費用為基本。飯店為1間房的費用。

高知市 H Hotel Ko's Style
ホテルコーズスタイル
C 煙 ✿

☎088-831-2277 ¥ S5880日圓、T10500日圓 室S32、T8 ⏱IN16:00 OUT10:00 P 有(預約制) 🚗JR高知站搭計程車5分 MAP 91C-3

POINT全部客房都提供TEMPUR公司的床墊和枕頭，是一家重視療癒和舒適的時尚飯店。淋浴間和飲水機等設備周全。備有加600日圓附早餐的附餐專案。

高知市 旅 城西館
じょうせいかん
C 新 ♨

☎088-875-0111 ¥ 附2餐16200日圓～ 室和室65、T5 ⏱IN15:00 OUT10:00 P 有 🚃土佐電鐵上町1丁目下車即到 MAP 90A-2

POINT擁有140年歷史的老字號旅館，皇室成員和各界名人都曾造訪。從頂樓的展望露天浴池可一望高知城和市區街景。

高知市 H 7 days Hotel
セブンデイズホテル
C 煙

☎088-884-7100 ¥ S 5200日圓～、W 7300日圓～ 室S67、W1、連結房6組(12室) ⏱IN15:00 OUT10:00 P 有 🚃JR高知站步行15分 MAP 91C-2 POINT雖為商務飯店，但館內卻擁有簡約時尚的空間感。曾榮獲高知都市美設計獎。

高知市 公 国民宿舎桂浜荘
こくみんしゅくしゃかつらはまそう
HP C 新 煙

☎088-841-2201 ¥ 附2餐9720日圓～ 室和室27、洋室3 ⏱IN15:00 OUT10:00 P 有 📍坂本龍馬記念館巴士站步行3分 休 無休(1月會休1天) MAP 90C-4 POINT地處風景名勝地桂濱、建於高台上的公共住宿旅館，從館內任何一處都能眺望太平洋。餐點為皿鉢料理、土佐牛等的土佐料理。

高知市 H Orient Hotel Kochi
オリエントホテルこうち
C 煙

☎088-822-6565 ¥ S5700日圓～、T10400日圓～ 室S92、T44、和室4 ⏱IN14:00 OUT10:00 P 有 🚃土佐電鐵格蘭通電車站即到 MAP 91A-3 POINT地處高知市中心，離辦公區、繁華街區也很近、交通方便。

土佐清水市 民 海癒
かいゆ
新 煙

☎0880-82-8500 ¥ 純住宿(2名1室)9500日圓～ 室請洽詢 ⏱IN15:00 OUT10:00 P 有 📍大岐の浜巴士站下車即到 MAP 附錄①C-7 POINT 從只住1晚到可長期滯留的公寓式房型都有。備有以柴燒煮沸源泉水的溫泉設施。冬季不營業。

仁淀川町 旅 中津渓谷ゆの森
なかつけいこくゆのもり
C 煙 ♨

☎0889-36-0680 ¥ 附2餐13600日圓～ 室和室4、附浴池小木屋3 ⏱IN15:00 OUT10:00 P 有 🚗名野川巴士站牌步行7分 MAP 附錄①D-5 POINT 泡在使用當地羅漢松製作的露天浴池裡，觀賞綠意盎然的森林景觀。使用當地食材的和食、洋食也備受好評。

四萬十市 民 森のコテージ
もりのコテージ

☎0880-56-1229 ¥ 附2餐10000日圓～ 室其他1 ⏱IN16:00 OUT10:00 P 有 🚗四万十町中央IC車程83km MAP 附錄①C-6 POINT 可眺望黑尊川的2層樓別墅，備有廚房、衛浴和廁所。可於露天平臺上B.B.Q。

大月町 H ホテルベルリーフ大月
ホテルベルリーフおおつき
C V

☎0880-74-0222 ¥ 附2餐9480日圓～ 室和室10、洋室4、其他6 ⏱IN15:00 OUT11:00 P 有 🚗津島高田IC車程70km MAP 附錄①C-8 POINT建於可一望太平洋的高地上，全部客房均為海景房。餐點為季節感豐富的料理。

四萬十市 民 百々世庵
ももせあん

☎0880-52-2121(四万十・川の駅カヌー館) ¥ 純住宿(2名～)4500日圓～ 室其他1 ⏱IN16:00 OUT10:00 P 有 🚃JR西方站步行15分 MAP 附錄①C-6 POINT改建自古民家的獨棟旅館。備有五右衛門浴池和地爐、和室、廚房等，可包下整間旅館享受自炊的樂趣。

大月町 民 自遊学校
じゆうがっこう

☎0880-73-0804 ¥ 附2餐6000日圓 室和室3、洋室1 ⏱IN15:00 OUT10:00 P 有 🚗津島高田IC車程70km MAP 附錄①C-7 POINT 廢校的小學校舍再利用。4間客房，都是在教室裡放置榻榻米和床做成。夜晚的照明使用油燈。

C 可使用信用卡 新 2010年之後開業或重新裝潢 煙 有禁煙房
♨ 有露天浴池 寬 單人房面積20㎡以上
V 正常的退房時間為11時以後 ✿ 有針對女性顧客的服務
旅 旅館 H 飯店 民 民宿 公 公共住宿 ㅅ 歐風小木屋
S：單人房 T：雙床房 W：雙人房

德島

從斷崖絕壁聳立的祖谷美麗溪谷
到以漩渦聞名的鳴門、
面太平洋的海岸，
擁有各式各樣風情的德島縣。
除了阿波藍、和三盆糖、人形淨琉璃等傳統技藝外，
還有夏天最大的盛事，熱情席捲整座城市的阿波舞。
再加上吸引拉麵達人目光的德島拉麵，
城市的魅力繼續延燒中。

大略概地介紹一下
德島的基本資訊&交通

地處四國東部、以劍山系為中心的富饒自然之地。
8月的阿波舞祭期間會有來自全國的大量觀光客和舞者，
還有鳴門鯛、阿波尾雞、德島拉麵等美食的無窮魅力。

Check

- □德島拉麵大評比
- □觀賞漩渦
- □造訪祕境祖谷溪
- □選購阿波藍製品當伴手禮
- □到大塚國際美術館鑑賞藝術

etc…

在德島站做好旅遊準備

將過重的行李寄放在車站的投幣式置物櫃

從JR德島站內的改札口出來後，前方走到底搭電梯至地下樓即可看到置物櫃。有300日圓和600日圓。

市內中心部的觀光租自行車最方便

小小的市內觀光租自行車就很方便，可於德島站前地下自行車停車場租借。5小時以內270日圓，租借時間9時至20時。

若要收集旅遊資訊就到阿波舞蹈會館

到導覽・情報區索取觀光小冊子

1樓的導覽・情報區能蒐集到德島縣內主要觀光地的宣傳小冊子。會以影像提供縣內觀光和會館內的資訊，並設有擺放長椅的休憩區。詳情請參照P.127

伴手禮的選項也很豐富

酸橘、海藻、鳴門金時等特產品和藍染、大谷燒等工藝品陳列了一整層樓間。若不知該選什麼伴手禮時，先來這兒就對了。詳情請參照P.127。

從船上眺望德島市街葫蘆島遊船

搭船繞行德島市中心部一周的「葫蘆島遊船」很受觀光客歡迎。航程時間約30分，免費搭乘（但需支付保險費200日圓），11時～15時40分期間每隔40分運航（7、8月～19時40分）。詳情請洽新町川守護會☎090-3783-2084。

從德島站到主要觀光景點的交通方式表

目的地	交通工具	路線	所需時間	車資(單程)
鳴門	JR鳴門線	JR德島站～鳴門站	40分	360日圓
脇町	JR德島線（特急）、計程車	JR德島站～穴吹站～脇町卯建式建築街區	50分	2470日圓
祖谷葛橋	JR德島線（特急）、四國交通巴士	JR德島站～阿波池田站～かずら橋	2小時30分	4070日圓
大步危	JR德島線（特急）、JR土讚線	JR德島站～阿波池田站～大步危站	1小時30分	3280日圓
日和佐	JR牟岐線（特急）	JR德島站～日和佐站	1小時	2270日圓

壯觀的
漩渦之城
鳴門
なると
P.130
大鳴門橋下會有巨大漩渦生成，可在渦之道或搭觀潮船前往欣賞。
吉野川沿岸的
商業、觀光中心地
德島
とくしま
P.126
可一望德島市街的眉山展望台和阿波舞蹈會館等多樣景點。
美麗溪谷印象深刻的
縣內第一風景名勝
祖谷溪
いやけい
P.132
橫渡祖谷葛橋的刺激體驗、搭遊船順流而下都很有人氣。
衝浪客喜愛的
美麗海岸線
阿南海岸
あなんかいがん
德島縣東部的面海處，有壯闊海岸線綿延的千羽海崖等景觀。
播磨灘
水中觀潮船Aqua Eddy
P.131
淡路島南IC
兵庫縣
鳴門北IC
大鳴門橋架橋記念館Eddy
P.131
大塚國際美術館
P.138
鳴門IC
鳴門線
鳴門
德島阿波舞機場
高松自動車道
板野IC
板野
大谷燒
P.142
土成IC
P.137
藍住IC
藍住町歷史館藍之館
德島IC
P.128
德島拉麵
吉野川
阿波
美馬
脇町IC
美馬IC
穴吹
德島自動車道
阿波川島
石井
佐古
德島
P.144
眉山
阿波舞祭
P.126
地藏橋
小松島
阿波池田
井川池田IC
三好
阿波半田
德島線
脇町卯建式建築街區
P.144
吉野川泛舟
P.145
東みよし
つるぎ
祖谷溪
P.133
神山
那賀川
阿南
小歩危
P.134
祖谷溫泉
大歩危・小歩危
P.133
祖谷蕎麥麵
P.132
大歩危
祖谷的葛橋
P.132
奧祖谷二重葛橋
P.132
新祖谷溫泉
P.134
那賀
田井ノ浜
美波
日和佐
牟岐線
牟岐
千羽海崖
海陽
海盜料理
P.140
海部
海底觀光船
Blue Marin
P.145
阿佐海岸鉄道
甲浦

徳島廣域
正上方為北方
周邊圖▶附錄①H-2
0 3km
1:220,000
播磨灘
P.131 渦の道
P.131 大鳴門橋架橋記念館Eddy
P.143·145 Eska Hill鳴門
P.130うづ乃家
兵庫縣
南淡路市
鳴門海峽
小鳴門海峽
鳴門公園
P.131 水中觀潮船Aqua Eddy
ベイリゾートホテル鳴門海月 P.147
大塚國際美術館 P.138
鳴門グランドホテル P.147
RENAISSANCE NARUTO RESORT P.142·146
Resort Hotel Moana Coast P.146
水の P.147
かめびし屋 P.44
讃州井筒屋敷 P.47
三谷製糖 P.45
羽根さぬき本舗
東香川市
大麻山
霊山寺❶
福寿庵
P.145矢野陶苑
窯元 森陶器 P.142
極楽寺❷
鳴門市
上板町
板野町
香川縣
徳島縣
❹大日寺
❸金泉寺
アトリエペイザンヌ P.142
藍住町
北島町
地蔵寺❺
P.137 藍住町歴史館藍之館
P.137·142 藍屋敷おくむら
安楽寺❻
松茂町
徳島阿波舞機場
石井町
⑰井戸寺
P.125徳島市區
徳島県立阿波十郎兵衛屋敷 P.144
ムッシュ藤田城ノ内店 P.141
巽屋 P.128
徳島城
P.137古庄染工場
⑯観音寺
⑮国分寺
⑭常楽寺
眉山
徳島文理大
徳島県立博物館
徳島市
⑬大日寺
岡本中華 P.129
P.144徳島県文化の森総合公園
徳島動物園 P.145
神山町
小松島
小松島市
⑱恩山寺
佐那河内村
中津峰山
⑲立江寺
阿南市
紀伊水道
南海フェリー（徳島～和歌山）
オーシャン東九フェリー（徳島～東京・新門司）

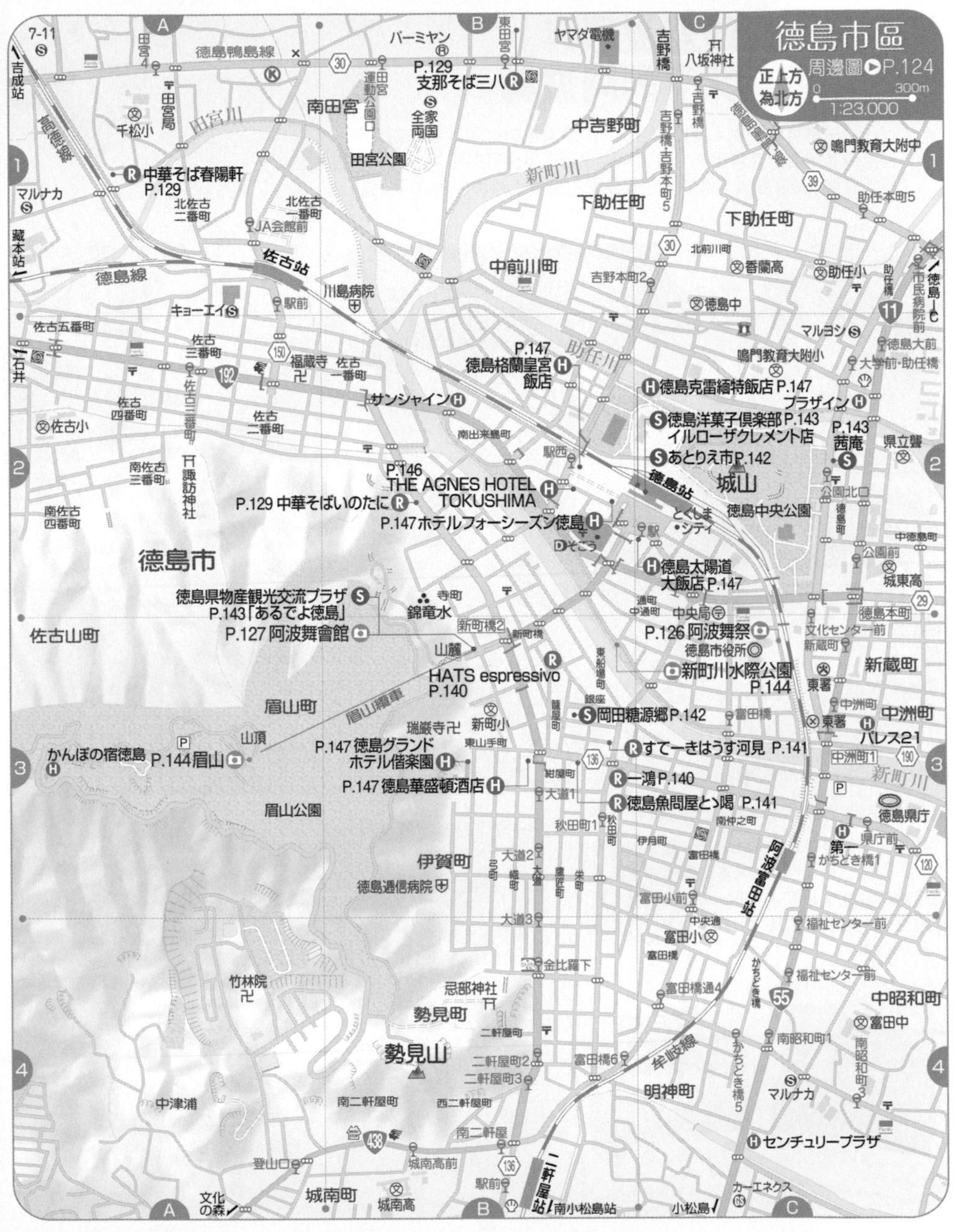
徳島市區
正上方為北方
周邊圖▶P.124
0 300m
1:23,000
P.129 支那そば三八
バーミヤン
ヤマダ電機
八坂神社
南田宮
田宮公園
全家 両国
中吉野町
鳴門教育大附中
中華そば春陽軒 P.129
マルナカ
下助任町
佐古站
徳島線
川島病院
中前川町
香蘭高
助任小
徳島中
キョーエイ
佐古五番町
佐古三番町
福蔵寺
佐古一番町
マルヨシ
P.147 徳島格蘭皇宮飯店
鳴門教育大附小
徳島克雷緬特飯店 P.147
サンシャイン
プラザイン
佐古四番町
佐古二番町
佐古小
徳島洋菓子倶楽部 P.143 イルローザクレメント店
P.143 茜庵
県立聾
あとりえ市 P.142
南佐古三番町
諏訪神社
徳島站
城山
P.146 THE AGNES HOTEL TOKUSHIMA
P.129 中華そばいのたに
P.147 ホテルフォーシーズン徳島
とくしまシティ
徳島中央公園
南佐古四番町
徳島市
そごう
城東高
徳島太陽道大飯店 P.147
徳島県物産観光交流プラザ P.143「あるでよ徳島」
錦竜水
寺町
徳島本町
佐古山町
P.127 阿波舞會館
新町橋2
P.126 阿波舞祭
徳島市役所
新蔵町
山麓
HATS espressivo P.140
新町川水際公園 P.144
眉山町
眉山纜車
岡田糖源郷 P.142
中洲町
瑞巌寺
新町小
パレス21
かんぽの宿徳島
P.144 眉山
山頂
P.147 徳島グランドホテル偕楽園
すてーきはうす河見 P.141
新町川
P.147 徳島華盛頓酒店
一鴻 P.140
徳島魚問屋とゝ喝 P.141
眉山公園
徳島県庁
第一
阿波富田站
伊賀町
徳島逓信病院
富田小
福祉センター前
竹林院
忌部神社
勢見町
中昭和町
富田中
勢見山
明神町
マルナカ
中津浦
牟岐線
センチュリープラザ
城南町
城南高
二軒屋站
南小松島站
小松島
カーエネクス
文化の森
吉成站
藏本站
石井
徳島IC

一年一度的盛夏祭典 不跳就虧大了的阿波舞

「跳舞的傻瓜和看別人跳舞的傻瓜，同是傻瓜的話不跳舞就虧大了！」
搭配這首知名的民謠節奏、在街中輕快地邊走邊舞的阿波舞祭（阿波おどり）。
每年有約130萬觀光客造訪，這樣熱鬧的祭典不參加就虧大了！

阿波舞祭的氣氛

德島的阿波舞祭現在已是代表日本夏季的祭典之一。隨著二拍子輕快的節奏在城市中到處手舞足蹈的竟然有10萬人之多。可從階梯狀長椅的看台座上觀賞阿波舞祭，或是加入にわか連一起跳◎。

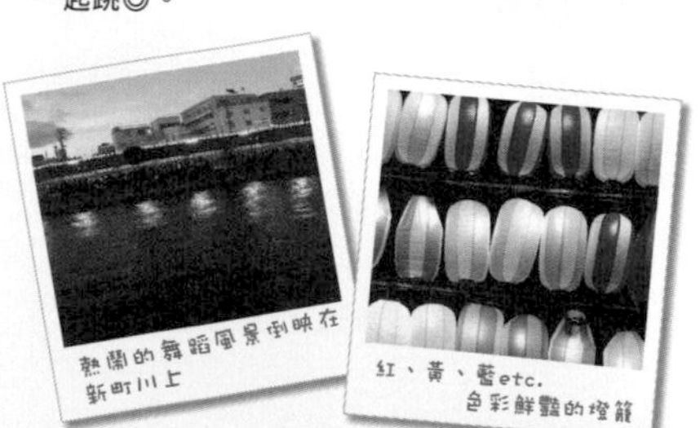
熱鬧的舞蹈風景倒映在新町川上

紅、黃、藍etc. 色彩鮮豔的燈籠

Information

日程

■正式祭典／8月12～15日的18:00～22:30（二部輪替）
■前夜祭／8月11日在ASTY德島有聯合舞蹈表演。

付費演舞場的入場費用

在チケットぴあ、LOWSON Ticket、網路上售票，票價依位置會有所不同。

會場 MAP 125C-3

■付費演舞場
市內設有4個會場，分指定席和自由席。
■免費演舞場
市內設有2處可自由入場的參觀席。
■其它
在商店街和約4個廣場均可免費參觀。

洽詢

☎088-622-4010（德島市觀光協會）

相關網站

阿波踊會館 HP http://www.awaodori-kaikan.jp/

如果想當跳舞傻瓜的話就參加「にわか連」

不需事前報名，服裝自由、參加免費。在集合地點有著名隊伍的簡單教學，稍微預演後即可到附近的免費演舞場享受跳阿波舞的樂趣。☎088-622-4010（德島市觀光協會）

小朋友也能翩翩起舞

燈籠等小東西也是由各連自行設計

從看台座眺望的景象

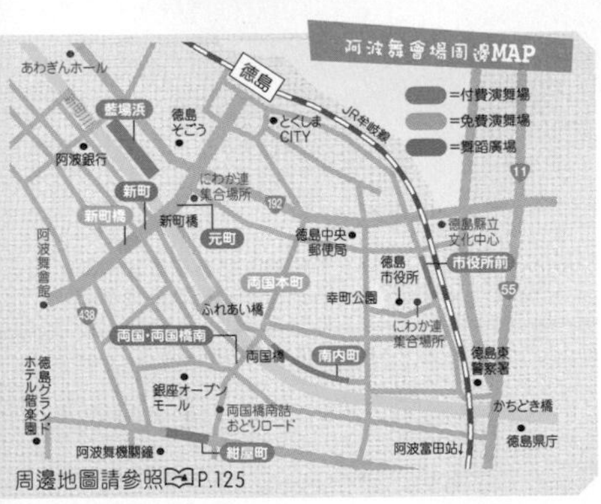

周邊地圖請參照P.125

無法在夏天前往參加也沒關係

在這裡每天都有阿波舞

阿波舞會館

會館內的表演廳每天都能欣賞到阿波舞。在演出的後半段，還會請觀眾上台和舞者一起跳舞。

☎088-611-1611 住德島市新町橋2-20 ⓛ9:00～17:00、阿波おどり觀賞は14:00～20:00間1日4回（週六日、假日11:00～1日5回） 休無休（若遇設施維修日會臨時公休，請事先洽詢） ¥免費入館，阿波舞觀賞費600日圓～ P有 JR德島站步行10分 MAP125B-3

祭典期間的德島住宿請提早預約，有些地方在黃金週期間就已經預約額滿了。

品嘗外觀和味道都讓人印象深刻的德島拉麵

視覺上的享受與鹹甜的濃郁風味，
集以上要素於一身、充滿個性的德島拉麵。
可在當地多品嘗幾家比較一下味道。

【德島拉麵 】

深色的湯頭、鹹甜口味的肉片和生雞蛋配料、偏厚重的濃郁口味， 樣都很有個性。在當地稱之為中華麵或是支那麵。

支那麵
加肉和蛋（大）780日圓

配料
豆芽、筍乾或竹筍、香菇、青蔥等配料。

肉
放入大量做成鹹鹹甜甜豬口味的五花肉，也有些店會放叉燒。

湯頭
以深褐色、味道濃厚的豚骨醬油湯頭為主流。從黃白色到黃褐色的「支那麵」則多分布在德島縣南部。

麵
中細的直麵為主流。大多數的店家都是可一口氣吸完、約20cm左右的短麵。

巽屋 ‖德島市‖たつみや

清爽的湯頭加上軟嫩的豬肉

將豚骨熬煮10小時後製成高湯，去除掉多餘的油脂，口感清爽餘韻佳。可挑選燉煮至軟爛的五花肉或是叉燒。

☎088-653-3839 ⌂德島市住吉5-68-1 ⏲10:30～20:15 休 週三（逢假日則翌日休） P 有
📍JR德島站往德島商業高校方向的德島市營巴士15分，西張北下車步行3分 MAP 124B-3

位於主要道路旁的小巷內

買真空包裝當伴手禮如何？
在特產品販賣店中會陳列著各式各樣伴手禮用的德島拉麵。除了麵和湯頭、還附上鹹甜口味的豬肉和筍乾的組合包，也很推薦。

中華麵加肉和蛋（大碗）700日圓

中華そばいのたに ‖德島市‖ ちゅうかそばいのたに

品嘗最標準的德島拉麵

是將德島拉麵的名號推廣至全國的創始店，從中午開始就大排長龍、很受歡迎。除了豚骨外還加入海鮮和蔬菜一起熬煮成的高湯，和自家製麵條、味道濃厚的豬肉非常地對味。

☎088-653-1482
⌂德島市西大工町4-25
🕒10:30～17:00(賣完即打烊)
休 週一(逢假日則翌日休)
P 有 🚉JR德島站步行15分
MAP 125B-2

中華麵加肉和蛋（大）800日圓

中華そば春陽軒 ‖德島市‖ ちゅうかそばしゅんようけん

老闆用盡全力熬煮的湯頭吸引許多愛好者

店裡的菜單只有「中華麵」一種。使用當地產的醬油，濃厚中又帶點甘甜的湯頭被視為是「絕品」，吸引很多外縣市的愛好者。光回籠客就讓店內相當熱鬧的人氣店之一。

☎088-632-9818
⌂德島市南田宮4-4
🕒11:00～16:00
休 週一(逢假日則翌日休)
P 有 🚉JR佐古站步行10分
MAP 125A-1

中華麵加肉（大）850日圓

岡本中華 ‖小松島市‖ おかもとちゅうか

以溫和滑順的乳白色湯頭為特色

乳白色湯頭中放入中粗麵，上面鋪滿燉煮得鹹甜的叉燒。豚骨與雞骨一起熬煮的湯頭口感清爽，入口後有溫和甘甜的餘韻。

☎0885-32-0653
⌂小松島市中田町奧林60-1 🕒11:00～20:00
休 無休 P 有 🚉JR中田站步行15分
MAP 124B-4

支那麵（加肉大碗）750日圓

支那そば三八 ‖德島市‖ しなそばさんぱ

甘醇與濃郁調和的黃色湯頭

是當地人也常光顧的名店。雞骨與豚骨一起熬煮的黃金高湯，味道濃厚、但餘韻清爽。使用阿波豬烤肉的燒肉炒飯（380日圓）也是人氣菜單。

☎088-633-8938
⌂德島市北田宮2-467
🕒10:30～21:00(賣完即打烊)
休 週二、每月1次不定休
P 有 🚉JR佐古站步行15分
MAP 125B-1

歡迎來到魅力無窮的鳴門

鳴門海峽能欣賞到由潮流形成的奇觀秀。
可搭船近距離眺望、或從橋上俯瞰。
來鳴門親身感受一下這震撼的景致吧。

自然現象的壯觀海洋秀

整個繞上一圈 2小時

建議出遊Time 10:00-17:00

以名勝齊聚的鳴門公園為觀光據點，可前往周邊徒步閒逛。離大塚國際美術館（P.138）和水中觀潮船Aqua Eddy搭船處有點遠，請搭巴士或開車前往。以漩渦為意象的和菓子很適合買來當伴手禮。

美食 うづ乃家

名物鯛魚蓋飯，白飯上有提味的芝麻和芥末以及特製醬油醃漬的鯛魚切片和海藻。

鯛魚蓋飯（附湯．小鉢）1890日圓

鄉土料理 ☎088-687-0150 鳴門市鳴門町土佐泊浦 鳴門公園千畳敷内 ⏲9:00～16:30 休無休 P無 鳴門公園巴士站步行10分 MAP 124C-1

到Renaissance Naruto Resort小憩片刻
咖啡廳和餐廳、芳香＆海洋療法沙龍等休憩設施，連非住宿的訪客也能利用。P.146

選擇性多樣的漩渦景點

可從漩渦的正上方觀賞

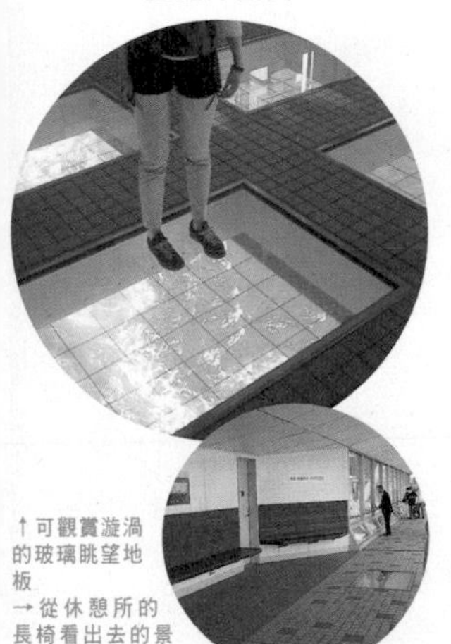

↑可觀賞漩渦的玻璃眺望地板
→從休憩所的長椅看出去的景色也很棒

景點
渦の道
うずのみち

設於大鳴門橋的橋桁空間內，一條離海面45m、全長450m的遊步道。除了隔著玻璃地板觀賞鳴門漩渦外，還能享受從通道兩側眺望的海峽景色。

☎088-683-6262 ⌂鳴門市鳴門町土佐泊浦福池65 鳴門公園內 ⏰9:00～17:30(10～2月～16:30) 休3、6、9、12月的第2週一(逢假日則翌日休) ¥門票510日圓 P有 📍鳴門公園巴士站步行7分 MAP 124C-1

check！
可免費借用語音導覽

眼睛視線直盯著海中漩渦

↑能近距離感受漩渦的觀潮船
→搭水中觀潮船即可見識到海中的漩渦

遊船
水中觀潮船 Aqua Eddy
すいちゅうかんちょうせんアクアエディ

水中觀潮船的客室部分會比水面低1m左右，可從窗戶看到龍捲狀的小漩渦。航程時間約25分鐘，採預約制。

☎088-687-0101(鳴門觀光汽船) ⌂鳴門市鳴門町土佐泊浦 亀浦観光港 ⏰9:15～16:15(每30分一班，預約制) 休無休 ¥船資2260日圓 P有 📍鳴門觀光港巴士站即到 MAP 124C-1

check！
「大型観潮船わんだーなると」也由此港口出發

近距離感受漩渦魅力的體驗型設施

↑介紹「鳴門海峽的一天」的漩渦劇場
→由腳踏的速度變換影像

景點
大鳴門橋架橋記念館Eddy
おおなるときょうかきょうきねんかんエディ

以漩渦和大橋為展示主題的博物館。設有以大螢幕實際感受漩渦和大渦流的劇場，以及可近距離欣賞大鳴門橋的展望台。

☎088-687-1330
⌂鳴門市鳴門町土佐泊浦福池65 鳴門公園內 ⏰9:00～16:30(黃金週、盂蘭盆節8:00～17:30，暑假9:00～17:30) 休無休 ¥門票610日圓 P有 📍鳴門公園巴士站步行5分 MAP 124C-1

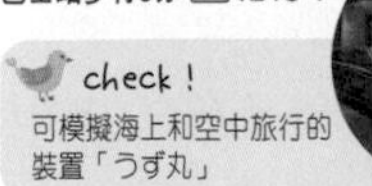

check！
可模擬海上和空中旅行的裝置「うず丸」

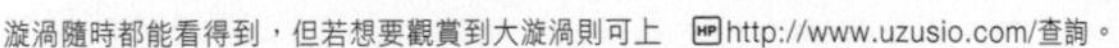
漩渦隨時都能看得到，但若想要觀賞到大漩渦則可上 HP http://www.uzusio.com/查詢。

在日本的原風景、祖谷(いや)遊逛三大秘境景點

位於德島縣西部的祖谷，名列日本三秘境之一。
搖搖晃晃的祖谷葛橋和大峽谷綿延的大步危、小步危等，
暢遊祖谷代表性的3大景點一覽秘境風光。

東搖西晃、緊張刺激。來渡祖谷最有名的祖谷的葛橋吧！

關於祖谷的簡單介紹

祖谷是蜿蜒在群山深谷間的秘境。景點集中在10km方圓以內，以祖谷屈指的觀景點祖谷溪為首，還有壯闊峽谷綿延的大步危、小步危、以藤蔓編成吊橋的祖谷的葛橋等符合秘境之稱的景觀。

整個繞上一圈
半日

建議出遊Time
10:00-16:00

從JR大步危站到祖谷溪等主要觀光地，由於巴士班次少，請事前確認好時刻表。連結大阪、神戶和祖谷間的高速巴士每天都有運行，詳情可上四國交通巴士的網站查詢。

祖谷的葛橋

‖三好市‖いやのかずらばし

由軟棗獼猴桃的藤蔓編製而成，長約45m、寬2m、高14m的橋。可渡橋到對岸，踏出一步腳下嘎吱嘎吱的聲響讓人膽顫心驚。名列日本三奇橋之一，並已指定為重要有形民俗文化財。

☎0120-404-344(三好市觀光服務處) 三好市西祖谷山村善德162-2 日出～日落 休無休(每3年會進行更換藤葛的作業，該年冬天公休1個月) ¥過橋費500日圓 P有 JR大步危站四國交通巴士22分，かずら橋下車步行5分 MAP135

機會難得，午餐就吃祖谷蕎麥麵吧

祖谷そば もみじ亭的山藥醬汁蕎麥涼麵（930日圓，附小缽2品）

鄉土料理祖谷蕎麥麵的筋度較低，所以特色是麵條粗、容易咬斷。粗糙的食感、獨特的香氣和樸實的風味，可選擇醬汁蕎麥麵或蕎麥湯麵享用。

祖谷そば もみじ亭

‖三好市‖いやそばもみじてい

☎0883-84-1117(リバーステーションWest-West) 三好市山城町西宇1468-1(West-West內) 11:00～17:00(依季節、星期會有變動) 休無休(12～6月週三休，逢假日則照常營業) P有 JR大步危站計程車10分 MAP135

清流のそば処 祖谷美人

‖三好市‖せいりゅうのそばどころいやびじん

☎0883-87-2009 三好市西祖谷山村善德9-3 8:00～17:00 休無休 P有 JR大步危站四國交通巴士15分，祖谷美人前下車即到 MAP135

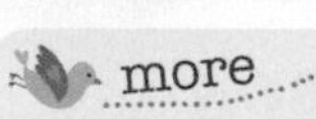

more

奧祖谷二重葛橋

在原始林的環繞下，有長約44m的男橋和長約22m的女橋2座平行架構的吊橋，秘境氛圍滿點。

☎0120-404-344(三好市觀光服務處) 三好市東祖谷菅生620 4月～11月30日的日出～日落 休期間中無休 ¥過橋費500日圓 P有 井川池田IC車程44km MAP135

搭BONNET BUS探訪秘境

巡訪祖谷觀光景點的定期觀光巴士旅遊團很受歡迎。西祖谷行程（需時5小時45分、6400日圓），3月15日～11月30日期間的5、8、10、11月每天運行，3、4、6、7、9月僅週六日和假日運行（預約制）

☎0883-72-1231（阿波池田巴士轉運站）

大歩危・小歩危

‖三好市‖おおぼけ・こぼけ

四國山脈的結晶片岩被橫切四國山地的吉野川激流削鑿出的峽谷。巨石奇岩綿延5km的為大步危，下游處曲折蜿蜒的是小步危。

☎0120-404-344
（三好市觀光服務處）
⌂三好市山城町上名～西宇
⏲自由參觀 Ⓟ無
🚉JR大步危站步行5分可抵達大步危，JR小步危站步行5分可抵達小步危 MAP 135

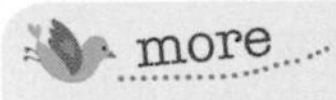

大步危峡觀光遊覽船

從レストラン大歩危峡まんなか出發的遊覽船。來回4km，航程約需30分。

☎0883-84-1211（レストラン大歩危峡まんなか） ⌂三好市山城町大歩危 ⏲9:00～17:00（隨時開船） 休強風、河水暴漲時公休 ¥船資1080日圓 Ⓟ有 🚉JR大步危站步行20分 MAP 135

祖谷溪

‖三好市‖いやけい

以海拔1955m的劍山為源頭的祖谷川在下游處沖積而成的風光明媚溪谷。由於橫切四國山地，兩岸形成數十公尺到數百公尺的斷崖絕壁，也是著名的紅葉名勝。

☎0120-404-344
（三好市觀光服務處）
⌂三好市池田町松尾
⏲自由參觀 Ⓟ無
🚗井川池田IC車程23km
MAP 135

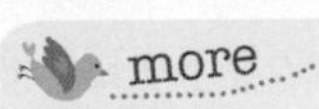

祖谷溫泉

祖谷溪有被稱為祖谷溫泉或秘境溫泉的特殊泉質溫泉，相當有名。溫泉旅館散布其間，推薦可利用當日往返入浴享受泡湯之樂。詳情請參照P.134。

祖谷秘湯×多一點點的魅力 體驗暖呼呼、悠悠然的溫泉三昧

祖谷地區的魅力不僅僅是絕景而已。
山頂的露天浴池、谷底的露天浴池等，
瀰漫著秘境氛圍的溫泉設施也絕不可錯過。

1以岩石堆砌成的天空露天浴池　2要到天空露天浴池得搭纜車移動

搭乘纜車
直達天空之湯

新祖谷温泉ホテルかずら橋

しんいやおんせんホテルかずらばし

以專用纜車連結天空露天浴池而聞名。可近距離眺望稜線的男女別露天浴池、休憩處、足湯等都規劃於庭園內。也有混浴露天浴池，廣受家庭客群和情侶好評。

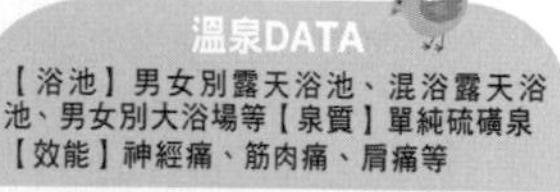

溫泉DATA

【浴池】男女別露天浴池、混浴露天浴池、男女別大浴場等【泉質】單純硫磺泉
【效能】神經痛、筋肉痛、肩痛等

☎0883-87-2171 ⌂三好市西祖谷山村善徳33-1 ¥當日往返入浴（10:00～16:00）1000日圓，附餐、當日往返入浴（11:30～14:00，預約制）3780日圓～ P有 ホテルかずら橋前巴士站即到 MAP135

1峽谷沿岸的谷底露天浴池
2附露天浴池的客房「ふたりじめ」

從谷底之湯
眺望美麗溪谷

和の宿ホテル祖谷温泉

なのやどホテルいやおんせん

建於祖谷溪斷崖的獨棟式旅館。搭乘專用纜車可到離飯店170m下方、位於谷底的露天浴池。浴槽由巨石堆砌、充滿野趣，乳白色的湯則直接汲取自源泉。

溫泉DATA

【浴池】男女別露天浴池、男女別大浴場
【泉質】鹼性單純硫磺泉
【效能】神經痛、糖尿病、婦女病等

☎0883-75-2311 ⌂三好市池田町松尾松本367-2 ¥當日往返入浴（7:30～17:00）1500日圓（只泡內湯500日圓），附餐、當日往返入浴（11:00～14:00，預約制）3500日圓～ P有 祖古溫泉前巴士站即到 MAP135

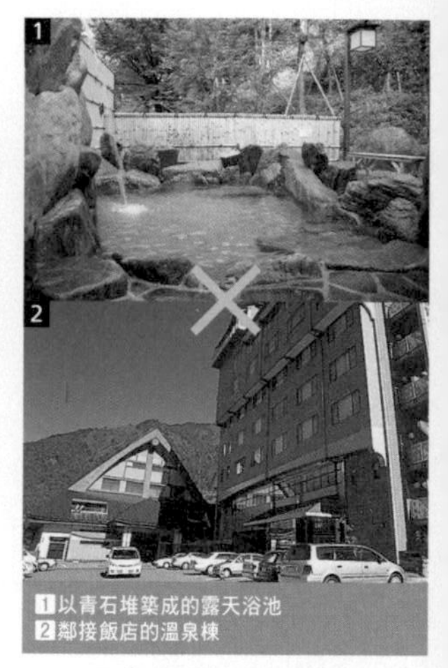

1以青石堆築成的露天浴池
2鄰接飯店的溫泉棟

三角屋頂的溫泉棟內
享受多種浴池

祖谷秘境の湯

いやひきょうのゆ

距離葛橋、尿尿小童像不遠，可以在觀光途中輕鬆前往。這個地區罕見的碳酸氫鈉泉水，可以讓肌膚光滑柔嫩，備受好評。浴場還可以眺望到祖谷溪谷。

溫泉DATA

【浴池】男女別露天浴池、男女別大浴場
【泉質】碳酸水素鹽泉
【效能】神經痛、風濕、腰痛等

☎0883-87-2800
⌂三好市西祖谷山村尾井ノ内391
¥當日往返入浴（10:00～21:00，週二休，若逢假日則翌日休）1000日圓 P有 秘境の湯巴士站即到 MAP135

祖谷的溫泉泡起
來很舒服喔

1欣賞得到四季美景的露天浴池
2泡湯後可到設有地爐的休憩室放鬆休息

留有未經人工開發
大自然秘境的溫泉

いやしの温泉郷

いやしのおんせんきょう

奧祖谷的劍山、三嶺山麓的秘湯。備有大浴場、藥湯、噴射水流池、三溫暖的內浴池，和樹木的青綠盡收眼底的露天浴池。寂靜之中，享受著大自然包覆下的極頂幸福時光。

溫泉DATA

【浴池】男女別露天浴池、男女別大浴場等
【泉質】鹼性單純泉
【效能】神經痛、筋肉痛、關節痛等

☎0883-88-2975
三好市東祖谷菅生28
¥純入浴（10:00~21:00、需確認）
P有 久保巴士站計程車15分 MAP 135

詳細資訊請上各飯店網站查詢。

讓人醉心的日本藍
造訪阿波藍染的故鄉

名震天下的阿波藍染，「提起阿波就會想到藍染，提到藍染就會想到阿波」。造訪阿波藍染的故鄉，感受深邃清澈的藍染魅力。

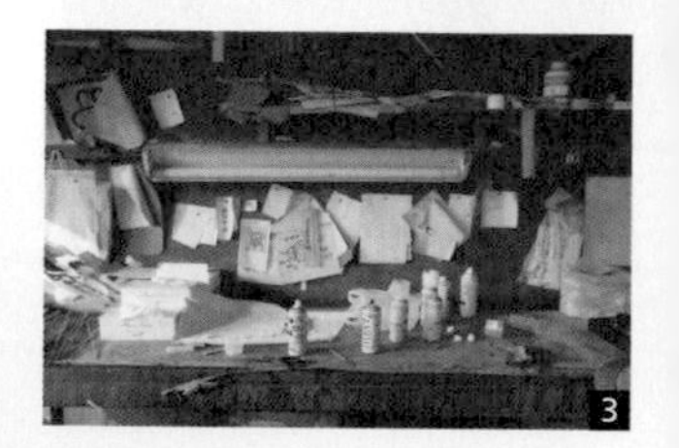

傳承至今的美麗藍色

阿波藍是德島的傳統工藝之一。染色完成後擁有鮮豔色彩、深含底蘊的特長，在外國甚至被稱為「日本藍」。從江戶時代開始藍染就很盛行的德島市內藍住地區周邊，現在仍然有許多與阿波藍有關的資料館和商店。由工匠手工製作的阿波藍商品，買一件來細細品味吧。

1染色後曬乾、染色後曬乾，不停地重複這些程序　2可以染出群青色、水色等各式各樣的「藍」　3在這兒可製作出多樣種類的染料　4工匠以自古傳承的手法一塊一塊仔細的渲染　5增添日常生活樂趣的阿波藍杯墊　6烘乾布料的暖爐也散發著迷人的氣氛
※以上照片均為古庄染工場

還能參加藍染DIY體驗

在藍染工場和資料館等場所會舉辦藍染DIY體驗。可以試染手帕，所需時間約1小時。詳情請洽各設施。

想了解阿波藍的話請到這裡來

古庄染工場 ふるしょうそめこうじょう

也能體驗藍染製作的工場

從江戶時代末期創業以來就謹守使用天然藍的傳統手法，為「現代名工」古庄紀治進行藍染的工場。事先預約即可參觀製造過程和參加藍染體驗。

工房 ☎088-622-3028 徳島市佐古七番町9-12 9:00～12:00、13:00～15:00(預約制) 休 週日、假日 ¥ 免費入場 P 有 佐古七番町巴士站步行5分 MAP 124B-3

也有販售藍染商品

藍染體驗（預約制）1000日圓～ 作品將日後再行寄送

藍住町歷史館藍之館 あいずみちょうれきしかんあいのやかた

利用舊建築改成的阿波藍資料館

由曾經是藍染商人舊奧村加的宅邸所規劃成的資料館。重現從藍草栽培到販賣的工序模型和展示藍染現代作品等，也提供藍染DIY體驗。

宏偉的建築物外觀

資料館 ☎088-692-6317 藍住町徳命前須西172 9:00～17:00(藍染體驗報名～16:00) 休 週二(逢假日則照常營業) ¥ 門票300日圓、藍染體驗500日圓～ P 有 東中富巴士站步行7分 MAP 124A-3

藍屋敷おくむら あいやしきおくむら

藍染製品羅列

集合眾多阿波藍商品的專門店。以古庄紀治的作品為首，還有杯墊（1個430日圓～）、領帶和長披肩等。

建於藍住町歷史館藍之館的對面

伴手禮店 ☎088-692-8723 藍住町徳命前須西179 9:00～17:00 休 週二（逢假日則營業） P 有 東中富巴士站步行7分 MAP 124A-3

阿波和紙也很漂亮

阿波和紙傳統產業會館

あわわしでんとうさんぎょうかいかん

介紹擁有約1300年歷史的阿波和紙的設施。可免費參觀和紙製造過程和製作明信片之類的和紙體驗（500日圓），也附設販賣和紙商品的商店。

販賣多樣和紙製品的商店

詳情請參照P.143

以天然藍染製的布料，肌膚觸感非常舒服、透氣性佳。冬暖夏涼，很適合用來製作衣服。

收集世界陶板名畫的大塚國際美術館

地處能眺望鳴門海峽位置的陶板名畫美術館。
走完漫長的鑑賞路線，就像是環繞世界一周般的旅遊氣氛。
請規劃充裕的時間好好飽覽一番。

整個繞上一圈
4小時
建議出遊Time
10:00-16:00

鑑賞路線全長4km，即便是快速瀏覽也得花上一個小時，慢慢欣賞的話則需要4小時。在莫內的『大睡蓮』和庭園等戶外設施小憩片刻也很怡然自得。

1『史格羅維尼禮拜堂壁畫』高約13m、縱深約20m
2西斯汀禮拜堂的天井畫相當壯觀
3達文西的『最後的晚餐』，可比較修復前（左）和修復後（右）的箇中不同

透過藝術享受世界之旅

大塚國際美術館

‖鳴門市‖おおつかこくさいびじゅつかん

以陶板將約1000件西洋名畫以1比1比例重現的陶板名畫美術館。將古代到現代的作品，以「環境」「系統」「主題」等3個方法展示。立體重現當地環境空間的西斯汀禮拜堂和史格羅維尼禮拜堂壁畫都十分值得觀賞。

☎088-687-3737 ⌂鳴門市鳴門町土佐泊浦 鳴門公園内
🕘9:30～16:00 休週一（逢假日則翌日休，8月無休）
¥門票3240日圓 P有
JR鳴門駅往鳴門公園方向的德島巴士15分，大塚国際美術館前下車即到 MAP 124C-1

 ※照片拍攝自大塚國際美術館的展示作品

美術館商品也不可錯過

人氣很高的是附裱框的迷你陶板（2376日圓～）。一筆箋、資料夾、原創餅乾和葡萄酒、T恤等，種類豐富多樣。

綜合自製餅乾（海帶芽、蕃薯）916日圓

美術館的焦點所在！！

焦點1 鑑賞路線竟然長達約4km

館內展示從地下3樓到地上2樓，總距離約4km。若仔細地慢慢欣賞，會覺得好像一直走不完似的！?

焦點2 可和名畫一起入鏡頭

由於是陶板畫，因此可與畫作一同拍照，用手碰觸也沒關係。不過禁止只有作品入鏡，請注意。

焦點3 調配出達文西的「最後的晚餐」！?

使用德島食材的「最後的晚餐」，可以在「GARDEN」餐廳吃到。附紅酒、麵包等1800日圓。

導覽行程也很推薦

定時導覽

由美術志工解說主要展示作品和參觀重點，相當有趣。

若加上說明藝術也能簡單易懂

●地下3樓&地下2樓路線 ⓛ9:40、10:00、10:30、13:00
●地下1樓&1樓路線（週二～四）ⓛ13:15
●主題別透可 ⓛ11:00、13:30

週末藝廊座談會

從各式各樣的觀點鑑賞館內作品，感受繪畫的樂趣。所需約40分、名額30人（可預約）。

ⓛ週五、六、日14:00～

模擬展示

搭乘長長的手扶梯直達地下3樓

這裡是維梅爾展示區

絕不可錯過戶外展示的莫內『大睡蓮』

梵谷的「向日葵」等

從庭園到渦之道可步行前往

購買迷你陶板當伴手禮

睡蓮的盛開季節是6月～9月，還能見到稀有的藍色睡蓮。

雖然各種想吃美食當前
在德島，首選當然是當地料理

鳴門海峽和海陽町近海的新鮮海味、
吸引美食通目光的阿波尾雞和鳴門鯛等，
不妨試試品嘗以德島自豪食材所料理的美味吧。

【海盜料理】

將活生生的海鮮直接放在網上燒烤後馬上享用的海盜料理，是德島縣南部的著名料理。簡單沾點醬油吃味道也不錯，但搭配增添風味的特產酸橘和柚子才是真正的德島風。德島市內有多家可品嘗海盜料理的餐廳。

↑海盜拼盤（2～3人份）10500日圓
↓建於可一望太平洋的海岸邊

海山荘

‖海陽町‖かいざんそう

海盜料理 ☎0884-73-1326
海陽町浅川小鯖瀬口24-11
10:00～20:00 休 無休
P 有 JR鯖瀬站步行3分
MAP 附錄①G-5

【德島漢堡】とくしまバーガー

使用當地生產配料的德島漢堡人氣上升中。經由德島商工會議所青年部主辦的認定審查會合格，並且加盟德島漢堡協同組合的18家店裡可以吃到。認證的種類約有40種，包含阿波牛和鳴門鯛等，內容各店互異。

↑阿波酸橘雞的豪華雞肉漢堡（附沙拉、薯條）850日圓
以低熱量、風味甘甜的阿波酸橘香煎雞肉為餡料。特製的酸橘美乃滋味道很搭

HATS espressivo

‖德島市‖ハッツエスプレシーヴォ

咖啡廳 ☎088-635-4698
德島市東新町1-16-5
11:00～23:00 休 不定休
P 無 JR德島站步行10分
MAP 125B-3

【阿波尾雞】

因名字特別而全國聞名的地雞。肉質結實，風味甘甜、濃郁，彈牙的口感無論是用來做燒烤、炸雞或是燉煮等各種調理方式都很適合。一鴻店內以招牌料理的帶骨阿波尾雞為首，總共有14種阿波尾雞料理可以選擇。

↑阿波尾雞的炙燒雞胸肉（1人份780日圓）↓店內的嵌燈照明給人優雅的印象

一鴻

‖德島市‖いっこう

居酒屋 ☎088-623-2311
德島市仲之町1-46 アクティアネックスビル2F 17:00～23:30 休 不定休 P 無
JR德島站步行15分 MAP 125B-3

名物招牌料理帶骨阿波尾雞（1200日圓）。可依喜好淋上酸橘汁

充滿獨創性的徳島麵食

徳島縣有徳島拉麵（P.128）、祖谷蕎麥麵（P.132）、木盆烏龍麵等，豐富多樣又個性十足的麵料理。千萬別只吃一間，試著繼續挑戰第二間、第三間吧。

【鳴門鯛的鯛魚飯】

潮流湍急的鳴門海峽所孕育出的鳴門鯛，彷彿可穿透般的美麗粉紅色和彈牙的口感為其特色。整尾鳴門鯛放在白飯上用土鍋炊煮而成鯛魚飯，是將鯛魚的鮮甜完全融入白飯中的一道料理。

鯛魚飯（4杯米）3240日圓是島魚問屋とゝ喝的招牌料理

店內有吧檯座和下嵌式和式桌席。並備有多款徳島地酒

徳島魚問屋とゝ喝

‖徳島市‖ とくしまさかなどんやととかつ

鮮魚料理 ☎088-625-0110
徳島市紺屋町13-1 とゝ喝ビル1・2F
17:00～22:30 休 週日 P 無
JR徳島站步行15分
MAP 125B-3

【木盆烏龍麵】たらいうどん

在徳島飼育的黑毛和牛中，再嚴選出肉質優良者冠上阿波牛的名稱。為油花分布均勻的高級牛肉，入口即化。在すてーきはうす河見店內，能品嘗到最高級的霜降阿波牛鐵板燒。

↑木盆烏龍麵是沾用加入河魚「川吻鰕虎」提取高湯做的沾醬享用（520日圓）
↓窗外就是溪谷的風光

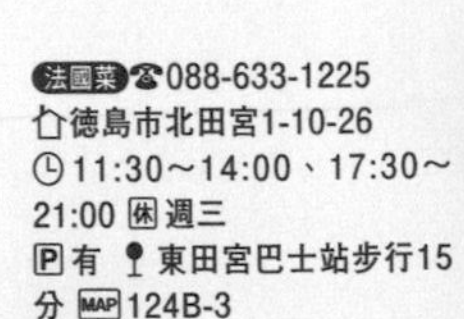

たらいうどん樽平

‖阿波市‖ たらいうどんたるへい

木盆烏龍麵
☎088-695-4385
阿波市土成町宮川内上畑102
10:30～19:00
休 無休 P 有
JR鴨島站計程車20分
MAP 附錄①G-3

歡迎來到地產地消的餐廳

ムッシュ藤田 城ノ内店 ‖徳島市‖

ムッシュふじたじょうのうちてん

以徳島法國料理界第一人選聞名、藤田正義先生的店。從當地農家直接進貨的蔬菜、阿波尾雞、徳島近海的魚貝等徳島產食材，只以橄欖油和鹽簡單調味。可單點或選擇全餐料理。

↑桌上陳列著主廚大展手藝的美味料理
↓飄散著南法風情的店內

法國菜 ☎088-633-1225
徳島市北田宮1-10-26
11:30～14:00、17:30～21:00 休 週三
P 有 東田宮巴士站步行15分 MAP 124B-3

粉雪般入口即化的
和三盆糖

A

表現出豐富而繽紛
藍的玻璃

B

湛藍色調的阿波藍杯墊

C

D

放涼之後食用
甜洋芋

把喜歡的帶回家吧

小旅行中的小確幸@德島

使用鳴門金時製成的甜點、
濃郁酢橘風味的果汁，
還有阿波和紙、大谷燒、藍染等
多樣工藝品。
以下介紹幾款讓人很想下手
買回家的德島在地商品。

A將彷彿蜜粉般細緻的阿波和三盆糖製成的乾果子組合（12袋裝2160日圓）
B以威尼斯使用的不透明乳白玻璃技術製作出的玻璃杯，是由深藍色和白色交織而成的華麗蕾絲花紋。各6000日圓（未稅）
C古庄染工場的藍染杯墊（1個860日圓），由獲頒「現代名工」的古庄紀治以現代設計風格製成的實用品　D鳴門金時生乳酪地瓜1箱（3個裝）750日圓。綿密口感的地瓜包著奶油乳酪餡，請冷藏後享用。　E咖啡杯（1944日圓～）。大谷燒雖以大型陶器著稱，但也有不少食器和花器類的日常用品。　F和三盆糖蛋糕捲（1條1260日圓）。使用蛋黃與和三盆糖烤成的蛋糕口感濕軟，內餡為清爽風味的奶油糖霜

SHOP LIST

A岡田糖源郷（おかだとうげんきょう）
☎088-655-2020 ⌂德島市富田町1-30
⏲10:30～18:00 休週日、假日 P無
🚌JR德島站步行15分 MAP125B-3

Bルネッサンス リゾート ナルト
📖P.146

C藍屋敷おくむら（あいやしきおくむら）
📖P.137

Dあとりえ市（あとりえいち）
☎088-624-2240 ⌂德島市寺島本町西1-61 德島駅クレメントプラザB1 ⏲10:00～20:00
休依CLEMENT PLAZA的公休日為準
P有 🚌JR德島站下車即到 MAP125C-2

E窯元 森陶器（かまもともりとうき）
☎088-689-0022 ⌂鳴門市大麻町大谷井利の肩24 ⏲8:30～17:00（週日9:30～16:30）
休無休（工房為週日休） P有
🚌JR阿波大谷站步行5分 MAP124B-2

Fアトリエベイザンヌ
☎088-637-5308 ⌂板野町川端若王寺35-1
⏲9:00～19:00 休週四（逢假日則照常營業）
P有 🚌JR阿波川端站步行5分
MAP124A-2

E

樸實魅力的
大谷燒咖啡杯

F

和三盆糖特有的
高雅甜味

濃淡顏色美麗交錯的
傳統阿波和紙
G

H 香氣豐富、口感清爽的果汁

濃郁的牛奶香
I

J
口即化、甜味溫和的
級布丁

K

使用100%
鳴門海水製成

L

清涼暢快的
美味

M

仿漩渦的渦形甜點

G以天然藍靛染料1張張仔細染製而成的阿波藍染和紙（1050日圓～） H使用高知縣北川村的柚子汁和德島縣上勝町的酸橘調製出的濃縮酸橘汁（各175mℓ 945日圓） Iマンマローザ（1個129日圓）。裡面包著以德島縣生乳為原料的特製鮮奶油所製成的牛奶餡 J以阿波和三盆糖和特製鮮奶油製成的和三盆布丁（1個324日圓），風味濃郁但口感清爽 K使用鳴門海水製成的鳴門漩渦鹽（各349日圓）。有適合煮物料理和醃漬用的「若炊」和直接調味品嘗的「深炊」2種類 Lすだちバーモント（500mℓ 1404日圓）。酸橘果汁加上蜂蜜、蘋果醋等調製成的飲料，稀釋5倍後喝起來口感清爽 M表面為漩渦圖案的渦饅頭（12個裝680日圓），簡單風味的麵皮內餡包著鳴門地瓜餡

SHOP LIST

G阿波和紙傳統產業會館（あわわしでんとうさんぎょうかいかん）
☎0883-42-6120 吉野川市山川町川東141 9:00～17:00（和紙製作受理10:00～11:30、13:00～15:30）休週一（逢假日則翌日休）¥門票300日圓 P有 JR阿波山川站步行15分 MAP附錄①G-3

H茜庵（あかねあん）☎088-625-8866 德島市徳島町3-44 9:00～19:00（咖啡廳10:00～17:00）休無休 P有 JR德島站步行10分 MAP 125C-2

IJ徳島洋菓子倶楽部イルローザクレメント店（とくしまようがしくらぶイルローザクレメントてん）☎088-656-3200 德島市寺島本町西1-61 徳島駅クレメントプラザ2F 8:00～20:00 休依CLEMENT PLAZA的公休日為準 P有 JR德島站下車即到 MAP 125C-2

KL徳島県物産観光交流プラザ「あるでよ徳島」
（とくしまけんぶっさんかんこうこうりゅうプラザあるでよとくしま）
☎088-622-8231 德島市新町橋2-20 阿波おどり会館1F 9:00～21:00 休無休 P有 JR德島站步行10分 MAP 125B-3

MEska Hill（エスカヒルなると）P.145

還有還有很多
德島的可逛景點

以漩渦聞名的鳴門、與平家有歷史淵源的祖古溪和大步危、小步危、
很受衝浪客喜愛的阿南海岸等，
有各式各樣以自然為主題的景點。

德島市 眉山
びざん

☎088-652-3617（眉山纜車） 德島市眉山町茂助ヶ原 ⓛ纜車9:00～17:30（視季節會有夜間營運） 休纜車無休 ¥纜車（往返）1020日圓 P有 阿波舞蹈會館5F的眉山山麓站纜車6分，眉山山頂下車即到 MAP 125A-3

萬葉集中所歌詠的秀麗山峰

海拔290m的山，名列日本自然百選之一。可搭纜車或開車上到山頂，現為整修完善的眉山公園。公園內有展示喜愛德島的葡萄牙文人MORAES著作等的MORAES館，以及追悼第二次世界大戰戰歿者的寶塔和平紀念塔。

到山頂約6分鐘的空中散步↑

↑白色壁面的寶塔和平紀念塔

徳島市 徳島県文化の森総合公園
とくしまけんぶんかのもりそうごうこうえん

☎088-668-1111 德島市八万町向寺山 ⓛ自由入園 P有 文化之森巴士站即到 MAP 124B-4

德島的文化情報發信基地

地處綠意盎然丘陵地的文化公園。約40公頃的腹地內，德島縣立圖書館、縣立圖書館、縣立博物館、縣立鳥居龍藏紀念博物館、縣立近代美術館、縣立文書館、縣立21世紀館等齊聚一堂。周圍還有與設施相關聯主題的公園和森林，可享受散步的樂趣。

↑德島縣立博物館的展示品

↑廣大腹地內有許多文化設施

德島市 新町川水際公園
しんまちがわみずぎわこうえん

☎088-621-5295（德島市公園綠地課） 德島市南内町2・3 ⓛ自由入園 P無 JR德島站步行7分 MAP 125B-3

水與光交織妝點的公園

綿延於流經德島市中心部、新町川沿岸的親水公園。一到夜晚，閃耀的LED燈將橋、樹木等妝點上繽紛的色彩。

德島市 徳島県立阿波十郎兵衛屋敷
とくしまけんりつあわじゅうろうべえやしき

☎088-665-2202 德島市川内町宮島本浦184 ⓛ9:30～17:00（7、8月～18:00）、人形浄瑠璃演出為11:00～、14:00～ 休無休 ¥門票410日圓 P有 十郎兵衛屋敷前巴士站即到 MAP 124B-3

阿波人形淨瑠璃的相關宅邸

「傾城阿波の鳴門」的原型板東十郎兵衛宅邸原址，每天都會上演「阿波人形淨瑠璃」，也有阿波木偶和人形淨瑠璃的資料展示。

美馬市 脇町卯建式建築街區
わきまちうだつのまちなみ

☎0883-53-8599（美馬市觀光文化資料館） 美馬市脇町脇町 ⓛ自由參觀 P有 JR穴吹站計程車10分 MAP 附錄①G-3

富豪宅邸比臨林立

還保留著被稱為「卯建」、附屋簷土牆的脇町南町通。曾經是藍染商人聚集的繁榮之地，也入選為「日本の道100選」。

美馬市 脇町劇場Odeon座
わきまちげきじょうオデオンざ

☎0883-52-3807 美馬市脇町猪尻西分140-1 ⓛ9:00～16:30 休週二（逢假日則開館） ¥門票200日圓 P有 JR穴吹站計程車10分 MAP 附錄①G-3

也曾在電影中出現的劇場

1934（昭和9）年的建築物。一開始是劇場，從戰後到1995年改成電影院營業。曾出現在電影『虹をつかむ男』中而一夕成名。

美馬市 川田光栄堂うだつ店
かわたこうえいどううだつみせ

☎0883-53-7878（川田光栄堂東店） 美馬市脇町123 ⓛ10:00～17:00 休週三（逢假日則營業） P無 JR穴吹站計程車10分 MAP 附錄①G-3

在散步途中小憩片刻

由築100年的和服店改建而成的和菓子店。除了糯米糰子（1個79日圓～）外，和菓子可以1個為單位購買、於店內的小和室間享用。

鳴門市

Eska Hill鳴門
エスカヒルなると

☎088-687-0222 住鳴門市鳴門町土佐泊浦福池65 鳴門公園内 ⓛ8:00～16:45 休無休 ¥門票400日圓 P有 鳴門公園巴士站步行3分 MAP 124C-1

從高台遙望鳴門海峽

全長68m、高低差距34m的透明電扶梯。可以觀賞著景觀，同時直上99m高的鳴門山山頂。

鳴門市

矢野陶苑
やのとうえん

☎088-689-0006 住鳴門市大麻町大谷久原71 ⓛ8:30～17:00 休無休 ¥陶藝體驗2000日圓～ P有 JR大波大谷站步行7分 MAP 124B-2

體驗製作大谷燒

1875（明治8）年創業的窯坊。以大谷燒獨特的大型陶器為首，日常用器皿、民藝陶器等均於登窯燒製而成。還有作陶、描繪上色等體驗課程。

三好市

リバーステーションWestWest
リバーステーションウエストウエスト

☎0883-84-1117 住三好市山城町西宇1468-1 ⓛ10:00～17:00（視季節、店鋪會有變動） 休無休（12～6月的週三休，德島ら一めん店にし利週四休） P有 JR大步危站計程車10分 MAP 135

遊河的休憩景點

位於國道32號的沿線上。內有吉野川泛舟的基地＆商店、祖谷蕎麥麵店、道地的德島拉麵店、咖啡廳等店家進駐。

德島市

德島動物園
とくしまどうぶつえん

☎088-636-3215 住德島市方上町、渋野町 ⓛ9:30～16:00 休週一（逢假日則翌日休） ¥門票510日圓 P有 德島動物園巴士站即到 MAP 124B-4

近距離觀賞動物

位於德島市郊外的山谷間、四國最大規模的動物園，動物們優游自在地生活於以熱帶草原區、寒帶區等氣候帶規劃成的5大區。假日會舉辦許多可與動物親身接觸的活動，不論任何年齡都能參加享受樂趣。在「松鼠猴之森」中，還可走入松鼠猴棲息的森林近距離觀察。

悠閒漫步的長頸鹿和斑馬↑

↑人氣明星的松鼠猴

海陽町

海底觀光船Blue Marin
かいちゅうかんこうせんブルーマリン

☎0884-76-3100 住海陽町宍喰浦竹ヶ島28-45 ⓛ9:00～16:00（每隔1小時出航） 休週二、天候不佳時休（逢假日則翌日休，黃金週、暑假無休） ¥船資1800日圓 P有 竹島巴士站即到 MAP 附錄①G-5

可近距離感受海底景色

環繞竹島海域公園一周的海底觀光船。從船底的窗戶可近距離觀賞珊瑚礁和色彩鮮豔的熱帶魚，航程約40分。

海陽町

カアナパリ

☎0884-76-3243 住海陽町宍喰浦松原97-10 ⓛ9:00～18:00（7～10月～19:00） 休無休 ¥搭船體驗潛水、海灘體驗潛水各13500日圓（皆為預約制） P有 阿佐海岸鐵道宍喰站步行10分 MAP 附錄①G-5

熟悉宍喰海域的店家

經營水上活動的店家。有對當地海域無所不知的工作人員，並提供潛水的體驗講習和嚮導、衝浪的指導。

到吉野川挑戰急流泛舟！

德島最大的河川吉野川的上游處有原始景觀綿延的大步危、小步危。搭乘激流專用的橡皮艇挑戰急流泛舟。手持槳板、在水花四濺中越過裸露岩石和高低落差水域，相當刺激！

mont-bell Outdoor Challenge（M.O.C）

除了小步危路線（1日行程）和大步危路線（半日行程、5200～6200日圓）外，還有小學生也能參加的體驗路線。

小步危路線／期間…4～11月，期間中無休
預約…預約至前一天為止　**所需**…5小時
費用…7300～11400日圓（含嚮導費、裝備租借費、設施使用費、保險費）
集合…（モンベル大 危店（リバーステーションWest-West、參考上述）
準備物品…泳衣、可淋溼的運動鞋、毛巾等

☎06-6538-0208 ⓛ10:00～19:00（10～3月～18:00） 休無休（11～2月的週日、假日休）

來到德島之後 推薦的飯店&旅館

地理位置絕佳的飯店和
便利性超優的城市飯店等，依類型分別介紹如下。

住宿費用，是以淡季平日、客房數最多的房型，
2名1室利用時1人的費用為基本。飯店為1間房的費用。

大海與天然溫泉療癒的 正統休閒度假飯店

RENAISSANCE NARUTO RESORT

||鳴門市||ルネッサンス リゾート ナルト

這裡最迷人！
邊眺望鳴門海峽景致邊愜意享受溫泉

位於瀨戶內海國家公園內，全部客房均可眺望鳴門海域。飯店內有芳香＆海洋療法沙龍、阿波鄉土料理、法國菜、海景咖啡廳的午餐、體驗教室等，有多種休閒娛樂。

☎088-687-2580 ⌂鳴門市鳴門町土佐泊浦大毛16-45 ⓛIN15:00 OUT11:00 Ⓟ有 大毛巴士站即到 MAP 124C-1 ●有接送服務 ●有露天浴池

費用方案
●1泊2食22830日圓～
●阿波踊現場、夏季海灘、泳池等住宿者免費

↑可欣賞旭日東昇和月亮冉冉升起的露天浴池 →面海景的洋室與和室都有附陽台

這裡最迷人！
每間客房的家具和擺設都各異其趣

↑每間客房的氣氛都不一樣
←全部客房的屋頂上都有附按摩浴缸

全部是兩層的客房 有著極佳的隱私感

Resort Hotel Moana Coast

||鳴門市||リゾートホテル モアナコースト

能欣賞海景的小飯店。室內設計精美的客房，全部14間均為樓中樓房型。餐點可品嘗到使用鳴門海鮮和當地新鮮蔬菜等的義大利家庭料理。

☎088-687-2255 ⌂鳴門市鳴門町土佐泊浦高砂186-16 ⓛIN15:00 OUT11:00 Ⓟ有 野巴士站步行3分 MAP 124C-2 ●有接送服務

費用方案
●雙床房本館19000日圓～、別館23000日圓～
●午餐(週一～五11:30～14:00、週六日、假日11:30～15:00)1296日圓～

集方便、機能於一身 極佳的都市型飯店

THE AGNES HOTEL TOKUSHIMA

||德島市||アグネスホテルとくしま

這裡最迷人！
交通便利、瀰漫著都會奢華的氛圍

全部客房均配備小雙人床。大廳和咖啡廳提供免費無線區域網路，咖啡廳＆餐廳酒吧還有免費早餐的服務。

☎088-626-2222 ⌂德島市寺島本町西1-28 ⓛIN15:00 OUT11:00 Ⓟ有 JR德島站步行3分 MAP 125B-2

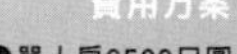

費用方案
●單人房6500日圓～
●雙床房13000日圓～

↑全部客房都備有高速網路服務和液晶電視
→透明玻璃外觀的入口

C 可使用信用卡 新 2010年之後開業或重新裝潢 煙 有禁煙房 ♨ 有露天浴池 寬 單人房面積20㎡以上
◷ 正常的退房時間為11時以後 ✿ 有針對女性顧客的服務
旅 旅館 H 飯店 民 民宿 公 公共住宿 ペ 歐風小木屋 S：單人房 T：雙床房 W：雙人房

H 德島克雷緬特飯店
Hotel Clement Tokushima
C 煙 ◷

☎088-656-3111 ¥ S10692日圓～、T21384日圓～、W14256日圓 室T112、W133、其他5 ◷IN14:00 OUT12:00 P 有 JR德島站直通 MAP 125C-2
POINT JR德島站直通，全部客房均提供免費網路。

H 德島格蘭皇宮飯店
The Grand Palace Tokushima
C 煙 ◷ ✿

☎088-626-1111 ¥ S6900日圓～、T13800日圓～、W13800日圓～ 室S15、T29、W10、其他2 ◷IN15:00 OUT11:00 P 有 JR德島站步行3分 MAP 125B-2
POINT 若加入不需入會費、年會費的會員即可享有折扣。

H ホテルフォーシーズン德島
ホテルフォーシーズン
C 寬

☎088-622-2203 ¥ S5900日圓～、T11800日圓～室S15、T8 ◷IN15:00 OUT10:00 P 有 JR德島站即到 MAP 125B-2
POINT 客房統一為單一色系，設計簡約。附設時髦的咖啡廳。

旅 鳴門グランドホテル
なるとグランドホテル
C ♨

鳴門市

☎088-687-1515 ¥ 附2餐12960日圓～ 室和室40、洋室3、和洋室2 ◷IN15:00 OUT10:00 P 有 大毛海岸通巴士站即到 MAP 124C-1
POINT 眼前即千鳥濱，北邊可眺望鳴門海峽和大鳴門橋。

旅 ベイリゾートホテル鳴門海月
ベイリゾートホテルなるとかいげつ
C

鳴門市

☎088-687-0331 ¥ 附2餐11880日圓～ 室和室28、洋室6、和洋室1 ◷IN15:00 OUT10:00 P 有 鳴門公園巴士站步行5分 MAP 124C-1
POINT 從客房和大浴場都能看到大鳴門橋和漩渦。

旅 渓谷の隠れ宿 祖谷美人
けいこくのかくれやどいやびじん
新 煙 ♨

三好市

☎0883-87-2009 ¥ 附2餐18500日圓～ 室和室9 ◷IN15:00 OUT10:00 P 有 祖谷美人巴士站步行5分 MAP 135
POINT 全部客房均附檜木或陶器的露天浴池，可邊眺望溪谷之美邊享受舒服的溫泉。餐廳內設有附地爐的個室。

H HOTEL RIVIERA ししくい
ホテルリビエラししくい
C ◷

海陽町

☎0884-76-3300 ¥ 附2餐13367日圓～ 室和室10、洋室16、和洋室2 ◷IN15:00 OUT11:00 P 有 阿佐海岸鐵道宍喰站步行10分 MAP 附錄①G-5 POINT 建於海岸沿線的渡假飯店，全部客房均面海景。可一望太平洋的大浴場內有7種類的浴池。

民 ゆきや荘
ゆきやそう
煙

阿南市

☎0884-33-0070 ¥ 附2餐7560日圓～ 室和室15 ◷IN15:00 OUT10:00 P 有 椿泊巴士站步行10分 MAP 附錄①H-4
POINT 建於以四國屈指的漁港而聞名的椿泊。裝盛新鮮魚貝的盤子接二連三地端上桌的「阿波水軍料理」是最自豪的菜色。

H 德島太陽道大飯店
ホテルサンルートとくしま
C 煙 ♨ ◷ ✿

德島市

☎088-653-8111 ¥ S7020日圓～、T12960日圓～、W11016日圓～ 室S119、T29、W29 ◷IN14:00 OUT11:00 P 有 JR德島站下車即到 MAP 125C-2 POINT 全部客房都設有電腦TV，免費連接網際網路，也備有Wi-Fi。頂樓還有天然溫泉大浴場。

旅 德島グランドホテル偕楽園
とくしまグランドホテルかいらくえん
C 寬 煙

德島市

☎088-623-3333 ¥ 附2餐14040日圓～ 室和室33、洋室13、和洋室23、其他1 ◷IN15:00 OUT10:00 P 有 JR德島站步行15分 MAP 125B-3
POINT 沉穩氛圍的和風旅館，設有展望大浴場。

H 德島華盛頓酒店
とくしまワシントンホテルプラザ
C 煙

德島市

☎088-653-7111 ¥ S4800日圓～、T8200日圓～、W7700日圓～ 室S164、T28、W16、其他4 ◷IN14:00 OUT10:00 P 有 JR德島站步行15分 MAP 125B-3 POINT 離繁華街區很近，觀光、出差時利用都很方便。

旅 水の
みずの
C 寬

鳴門市

☎088-685-4131 ¥ 附2餐14040日圓～ 室和室22、洋室2 ◷IN15:00 OUT10:00 P 有 岡崎巴士站下車即到 MAP 124C-2 POINT 可品嘗到使用鳴門鯛或當令海鮮料理等的老字號旅館。

旅 大歩危祖谷阿波温泉 あわの抄
おおぼけいやあわおんせんあわのしょう
C 煙 寬

三好市

☎0120-018-081 ¥ 附2餐6800日圓～ 室和室24、洋室9 ◷IN16:00 OUT9:30 P 有 あわの抄巴士站即到 MAP 135 POINT 依料理內容有3種類可選擇的「炙燒會席」很受好評。

旅 サンリバー大歩危
サンリバーおおぼけ
C ♨

三好市

☎0883-84-2111 ¥ 附2餐9975日圓～ 室和室27、洋室8(S3、T5)、和洋室2 ◷IN15:00 OUT10:00 P 有 JR小歩危站步行15分 MAP 135
POINT 從展望溫泉和露天浴池可眺望大步危的美麗峽谷。

旅 月ヶ谷温泉 月の宿
つきがたにおんせんつきのやど
C 煙

上勝町

☎0885-46-0203 ¥ 附2餐10500日圓～ 室和室10、洋室3、和洋室3 ◷IN16:00 OUT10:00 P 有 月之谷溫泉口巴士站步行5分 MAP 附錄①G-4 POINT 將自清流勝浦川河畔湧出的月谷溫泉接引而來的別館旅館。

旅 神山温泉 ホテル四季の里&いやしの湯
かみやまおんせんホテルしきのさとアンドいやしのゆ
C

神山町

☎088-676-1117 ¥ 附2餐11880日圓～ 室和室16、洋室4 ◷IN15:00 OUT10:00 P 有 神山溫泉前巴士站步行3分 MAP 附錄①G-3
POINT 鄰接神山溫泉いやしの湯的住宿設施。使用大量神山町的木材裝潢而成，可感受到原木的溫暖氛圍。

大略地介紹一下徒步巡禮四國八十八札所的遍路者

由於尋求療癒、追求自我、能量景點等的流行風潮，
四國八十八札所遍路在年輕人間也很受到矚目。
找出適合自己的遍路方式吧！

觀光客也能輕鬆參觀的第一號札所靈山寺

何謂遍路者…

意即依循弘法大師修行的足跡所進行的巡禮之旅。四國的四個縣中有八十八個札所（靈場）全部巡禮一圈約有1400km。「鍛練身心」、「祈願」、「巡禮各寺廟」等每位遍路者的目的各有不同。不一次走完全程也沒關係，交通工具也可以是徒步、開車或坐巴士，只要是適合自己的方式怎麼選擇都OK。

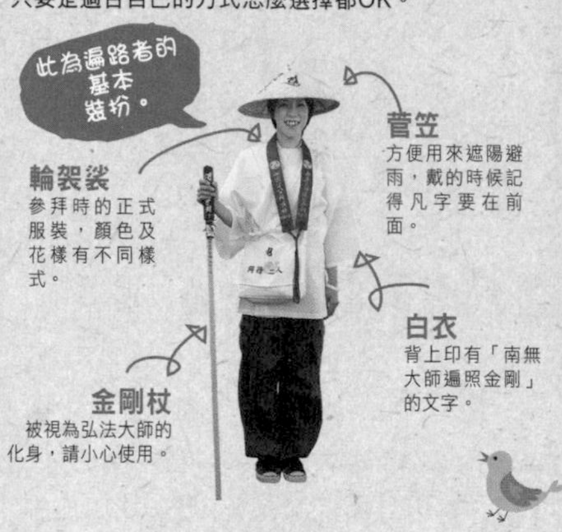

開始遍路之前

❶ 蒐集情報

除了旅遊指南和地圖書外，網頁和部落格等資訊也可列入參考。

相關網頁

●巡るめく四国
HP http://www.shikoku.gr.jp/
有充實的遍路情報，也常刊登四國各地的資訊。

❷ 遵守事項

遍路巡禮時必須要遵守以下的「十善戒」。

❶不殺生
不能殺生

❷不偷盜
不能偷竊

❸不邪淫
不能做淫穢之事

❹不妄語
不能説謊

❺不綺語
講話不浮誇

❻不惡口
不説別人壞話

❼不兩舌
説話不前後矛盾

❽不慳貪
不能貪婪

❾不瞋恚
不能動怒

❿不邪見
不能有邪念

❸ 住宿方面

可留宿的「宿坊」有17處，一般上附2餐約5800日圓～。

讓人喜愛的原創設計手絹

四國八十八札所幾乎每一間都有製作原創設計的手絹。於納經所販售，一條約200日圓～。

請記住參拜的方式

1. 入寺廟境內之前先合掌深深一鞠躬。
2. 在手水場洗淨手與口
3. 到本堂於納札箱中放進祈願的納札。
4. 點燈、上香、供奉賽錢。
5. 邊看經書邊靜心讀經。
6. 在大師堂重覆3～5與本堂同樣的動作。
7. 到納經所領取墨書及寺印。
8. 出了寺門後再朝寺內行一鞠躬。

進入本堂後請勿忘記讀經

遍路道上的兩旁是被風吹拂的稻穗

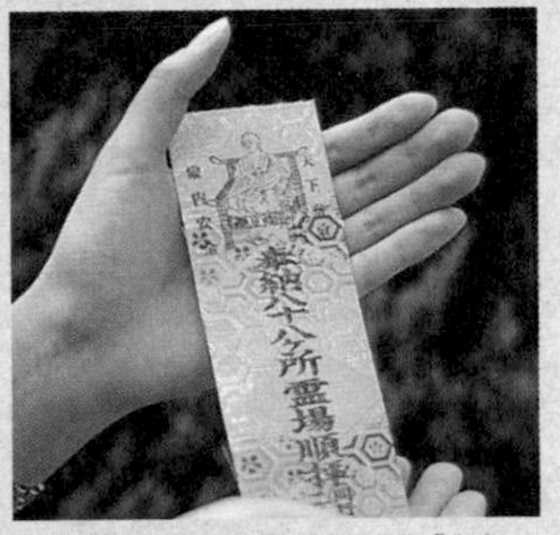

從遍路者那裡得到的新願納札可當作「御守」

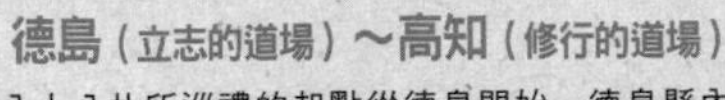

德島（立志的道場）～高知（修行的道場）

八十八札所巡禮的起點從德島開始，德島縣內有23個札所。高知縣從室戶開始的16個札所以壯觀的風景著稱。踏著悠閒、緩慢的步伐往前進吧。

受到幼稚園小朋友的歡迎心情也溫暖起來

也能欣賞到各季節盛開的花卉

可與當地人交流也很讓人開心

走累了就在大樹下小歇片刻

愛媛（菩薩的道場）～香川（涅槃的道場）

遍路者的巡禮也幾乎完成了一半，繼續往愛媛前進。在參拜26個札所後，終於到達香川。香川的札所共有23個，參拜完讚岐平野的靈場後整個行程也即將功德圓滿。

遍路者的服裝道具可在第一號札所靈山寺的賣店購得。

前往四國的交通方式

移動也是旅遊的一部分，速度和舒適度當然要很講究。
以下是讓旅行更加愉悅開心、
能一目瞭然的「co-Trip」交通方式。

※標示的金額是2014年1月的金額。
2014年4月之後會有變更，請注意。

從各地到高松

若搭新幹線則在岡山站換搭JR瀨戶大橋線。
若搭飛機則從高松機場搭利木津巴士。

香川縣的中心都市為高松，到縣內旅遊以JR高松站為起點較方便。從東京搭飛機既快速又舒適，一天約有10個航班。從大阪過來則以JR最快速，搭のぞみ到岡山站需45分，再換搭マリンライナー到高松站約1小時。

從高松機場到市中心

高松機場到JR高松站間有琴電巴士運行，所需40分、740日圓。沿途會行經高松築港、JR高松克雷緬特飯店。

出發地點	交通工具	路線	所需時間	價格
大阪	新幹線	**新大阪站**→新幹線のぞみ→**岡山站**→JR快速マリンライナー→**高松站**	1小時50分	7100日圓
大阪	巴士	**難波高速BT**→FOOT Bus→**高松站**	4小時	3900日圓
東京	飛機	**羽田機場**→ANA→**高松機場**→利木津巴士→**高松站**	2小時	30530日圓
東京	新幹線	**東京站**→新幹線のぞみ→**岡山站**→JR快速マリンライナー→**高松站**	4小時35分	17130日圓
名古屋	新幹線	**名古屋站**→新幹線のぞみ→**岡山站**→JR快速マリンライナー→**高松站**	2小時50分	11300日圓
名古屋	巴士	**名鐵BC**→さぬきエクスプレス名古屋号→**高松站**	6小時50分	6800日圓
福岡	新幹線	**博多站**→新幹線のぞみ→**岡山站**→JR快速マリンライナー→**高松站**	3小時5分	12940日圓
廣島	新幹線	**廣島站**→新幹線のぞみ→**岡山站**→JR快速マリンライナー→**高松站**	1小時50分	6670日圓
廣島	巴士	**廣島站新幹線口**→瀨戶内エクスプレス→**高松站**	3小時15分	4100日圓
札幌	飛機	**新千歲機場**→ANA・JAL→**羽田機場**→ANA・JAL→**高松機場**→利木津巴士→**高松站**	約4小時40分	64320日圓

也可選擇搭夜行巴士

不需換車的輕鬆旅程，車資比新幹線和飛機來得便宜的巴士之旅。從各地都有多條路線運行，若為清晨抵達目的地的夜行巴士，即可擁有一整天的旅遊時間。在踏上巴士之旅前請別忘了預約座位和確認搭程地。

利用青春18車票享受慢旅

青春18車票可於一天內不限次數搭乘JR快速・普通電車。悠閒地坐上電車享受一趟慢旅，或許還能在沿途中有意外的發現呢。一張票可使用5天（或5人使用）11500日圓，分別於每年春、夏、冬的放假期間發售。

從各地到松山

若搭新幹線則在岡山站換搭JR予讚線。
若搭飛機則從松山機場搭利木津巴士。

要到愛媛縣的中心都市松山，從東京、名古屋、大阪、福岡搭飛機既快速又舒適。若搭新幹線則在岡山站換搭予讚線特急。

從松山機場到市中心

松山機場到JR松山站間有伊予鐵巴士運行，所需15分、300日圓。到道後溫泉所需40分、450日圓。

出發地點	交通工具	路線	所需時間	價格
大阪		**伊丹機場**→ANA→**松山機場**→利木津巴士→**松山站**	1小時50分	17310日圓
		新大阪站→新幹線のぞみ→**岡山站**→JR特急しおかぜ→**松山站**	4小時10分	10410日圓
		阪急梅田→オレンジライナー愛媛號→**伊予鐵松山市站**	5小時20分	6900日圓
東京		**羽田機場**→ANA→**松山機場**→利木津巴士→**松山站**	1小時50 分	32500日圓
		東京站→新幹線のぞみ→**岡山站**→JR特急しおかぜ→**松山站**	6小時45分	19260日圓
名古屋		**中部國際機場**→ANA→**松山機場**→利木津巴士→**松山站**	1小時30分	24120日圓
		名古屋站→新幹線のぞみ→**岡山站**→JR特急しおかぜ→**松山站**	4小時55分	14830日圓
福岡		**福岡機場**→JAC→**松山機場**→利木津巴士→**松山站**	1小時5分	21110日圓
		博多站→新幹線のぞみ→**岡山站**→JR特急しおかぜ→**松山站**	4小時40分	15820日圓
廣島		**廣島港**→高速船→**松山觀光港**→松山觀光港利木津巴士→**松山站**	1小時50分	7210日圓
		廣島BC→しまなみライナー→**今治站**→JR特急しおかぜ→**松山站**	3小時10分	5130日圓
札幌		**新千歳機場**→ANA→**羽田機場**→ANA→**松山機場**→利木津巴士→**松山站**	約4小時10分	44590日圓

從各地到高知

若搭新幹線則在岡山站換搭JR土讚線特急。
若搭飛機則從龍馬機場搭利木津巴士。

要前往高知縣的中心都市高知，從東京、名古屋、大阪、福岡搭飛機既快速又舒適。若搭新幹線則在岡山站換搭土讚線特急。

從高知龍馬機場到市中心

高知龍馬機場到JR高知站間有土佐電Dream Service巴士運行，所需45分、700日圓。

出發地點	交通工具	路線	所需時間	價格
大阪		**伊丹機場**→ANA→**高知龍馬機場**→利木津巴士→**高知站**	1小時50分	18200日圓
		新大阪站→新幹線のぞみ→**岡山站**→JR特急南風→**高知站**	3小時40分	9760日圓
		阪急梅田→よさこい號→**高知站**	5小時	6000日圓
東京		**羽田機場**→ANA→**高知龍馬機場**→利木津巴士→**高知站**	2小時10分	31790日圓
		東京站→新幹線のぞみ→**岡山站**→JR特急南風→**高知站**	6小時15分	18820日圓
名古屋		**名古屋站**→新幹線のぞみ→**岡山站**→JR特急南風→**高知站**	4小時35分	14180日圓
		名鐵BC→ドラゴンライナー→**高知站BT**	8小時20分	9070日圓
福岡		**福岡機場**→JAL→**高知龍馬機場**→利木津巴士→**高知站**	1小時40分	24400日圓
		博多站→新幹線さくら→**岡山站**→利木津巴士→**高知站**	4小時40分	15490日圓
廣島		**廣島站**→新幹線のぞみ→**岡山站**→JR特急南風→**高知站**	3小時30分	9760日圓
		廣島BC→土佐エクスプレス→**高知站**	4小時	6600日圓
札幌		**新千歳機場**→ANA・JAL→**羽田機場**→ANA→**高知龍馬機場**→利木津巴士→**高知站**	約4小時45分	42680日圓

從各地到德島

若搭新幹線則在岡山站換搭JR快速マリンライナー。若搭飛機則從德島阿波舞機場搭利木津巴士。

要前往德島縣的中心都市德島，從東京、名古屋、福岡搭飛機既快速又舒適。若搭新幹線則在岡山站換搭JR快速マリンライナー，到高松站搭高德線特急。

從德島阿波舞機場到市內中心部

德島阿波舞機場到JR德島站間有德島巴士運行，所需30分、430日圓。

出發地點	交通工具	路線	所需時間	價格
大阪	新幹線	**新大阪站**→新幹線のぞみ→**岡山站**→JR快速マリンライナー→**高松站**→JR特うずしお→**德島站**	3小時15分	8950日圓
	巴士	**阪急梅田**→高速巴士エディ号→**德島站**	2小時30分	3700日圓
東京	飛機	**羽田機場**→JAL→**德島阿波舞機場**→利木津巴士→**德島站**	1小時45分	30220日圓
	新幹線	**東京站**→新幹線のぞみ→**岡山站**→JR快速マリンライナー→**高松站**→JR特急うずしお→**德島站**	5小時50分	18010日圓
名古屋	新幹線	**名古屋站**→新幹線のぞみ→**岡山站**→JR快速マリンライナー→**高松站**→JR特急うずしお→**德島站**	4小時15分	13150日圓
	巴士	**名鐵BC**→オリーブ松山号→**德島站**	6小時10分	6790日圓
福岡	飛機	**福岡機場**→JAC→**德島阿波舞機場**→利木津巴士→**德島站**	1小時40分	25130日圓
	新幹線	**博多站**→新幹線のぞみ→**岡山站**→JR快速マリンライナー→**高松站**→JR特急うずしお→**德島站**	4小時20分	14680日圓
廣島	新幹線	**廣島站**→新幹線のぞみ→**岡山站**→JR快速マリンライナー→**高松站**→JR特急うずしお→**德島站**	3小時10分	8730日圓
	巴士	**廣島BC**→あわひろしま号→**德島站**	3小時50分	6150日圓
札幌	飛機	**新千歲機場**→ANA等→**羽田機場**→ANA・JAL→**德島阿波舞機場**→利木津巴士→**德島站**	約4小時	40010日圓

還有下列的車票方案

靈活運用租車　鐵路&租車套票

先搭JR到目的地，抵達後再租車巡訪觀光地也是聰明旅遊的方式之一。若利用此套票，駕駛和同行者全員的JR車資都可折扣20%，特急・急行車資（「のぞみ」除外）可折扣10%，以及享有租車基本費用的優惠等。

到車站的綠色窗口和各主要旅行代理店均可購買，但購買時有以下的附加條件。

1. 必須搭乘JR合計201km以上（來回或單程均可）。利用區間若無連續也OK，可善用甲地租乙地還的制度。但一開始從出發車站必須搭乘JR至少51km以上，前往設有租車服務的車站。
2. JR車票和租車必須同時購買辦理。
3. 購票後，不可變更搭乘列車和租車的預約內容。
4. 4月27日～5月6日、8月11日～20日、12月28日～1月6日期間取消JR車資、費用的相關折扣

※四國內設有租車站的車站有高松、坂出、宇多津、丸亀、觀音寺、琴平、伊予西条、新居濱、今治、松山、八幡濱、宇和島、德島、阿南、阿波池田、安藝、高知、須崎、中村。

巡訪四國的划算車票　周遊券

若要巡訪四國地區，利用「周遊券」既划算又便利。

●四國周遊券（15700日圓／3日內有效）
可利用四國內的JR全線和高速巴士以外的JR巴士，也可搭乘特級的普通車自由座。

●四國GREEN紀行（20000日圓／4日內有效）
可不限次數利用JR四國全線和土佐黑潮鐵道全線，也可搭乘特急的商務車對號座。

●生日車票（10000日圓／3日內有效）
若於自己生日月份旅行的話就可購買此票。可不限次數利用JR四國全線和土佐黑潮鐵道全線，也可搭乘特級的商務車對號座。同行者3人以內均可購買同張票券。

●其他的周遊券
「徳島・香川フリーきっぷ」「四万十・宇和海フリーきっぷ」「四国再発見早トクきっぷ」「週末乗り放題きっぷ」「ことでん・JRくるり～んきっぷ」「安芸・室戸観光きっぷ」等。

詢問處

電車

JR西日本・客服中心 ……………☎0570-00-2486

JR四國電話服務中心 ……………☎0570-00-4592

飛機

JAL（日本航空）・JAC（エアコミューター）……☎0570-025-071

ANA（全日空）☎0570-029-222

巴士

琴電巴士……☎087-821-3033

伊予鐵巴士……☎089-948-3172

土佐電Dream Service ……………☎088-832-2210

德島巴士……☎088-622-1811

※以上詢問處基本上使用的語言是日文，請注意。

co-Trip推薦、方便好用手機網站

國內線.com（日文網站）
可查詢國內航空公司的路線和購買機票
http://m.kokunaisen.com（手機）
http://www.kokunaisen.com/(PC)

駅前探検倶楽部（日文網站）
可查詢飛機、電車的時刻・費用
http://1069.jp/（手機）
http://ekitan.com/（PC）

善用航空公司的優惠機票

每家航空公司都會提供購買來回票、早鳥預約或搭乘特定航班的優惠。善用機票優惠方案的制度，享受舒適的航空假期。

四國地區內的交通

四國內主要都市間的移動以JR特急和高速巴士最為方便。
高速巴士幾乎都是採預約指定制，因此請趁早預約以確保座位。

高松↔德島

交通工具	路線	所需時間	價格
	高松站↔JR特急うずしお↔**德島站**	1小時10分	3070日圓
	高松站↔高德エクスプレス↔**德島站**	1小時35分	1600日圓

高松↔松山

交通工具	路線	所需時間	價格
	高松站↔JR特急いしづち↔**松山站**	2小時30分	6010日圓
	高松站↔坊っちゃんエクスプレス↔**松山站**	2小時40分	4000日圓

高松↔高知

交通工具	路線	所需時間	價格
	高松站↔JR特急しまんと↔**高知站**	2小時25分	5270日圓
	高松站↔黑潮エクスプレス↔**高知站**	2小時10分	3300日圓

德島↔松山

交通工具	路線	所需時間	價格
	德島站↔JR特急うずしお↔**高松站**↔JR特急いしづち↔**松山站**	3小時55分	9030日圓
	德島站↔吉野川エクスプレス↔**松山站**	3小時30分	4400日圓

德島↔高知

交通工具	路線	所需時間	價格
	德島站↔JR特急剣山↔**阿波池田站**↔JR特急南風↔**高知站**	2小時45分	5690日圓
	德島站↔高知德島エクスプレス↔**高知站**	2小時50分	3500日圓

松山↔高知

交通工具	路線	所需時間	價格
	松山站↔JR特急しおかぜ↔**多度津站**↔JR特急南風↔**高知站**	4小時20分	9980日圓
	松山站↔なんごくエクスプレス・ホエールエクスプレス↔**高知站**	2小時40分	3600日圓

若為多人數搭高速巴士購買回數券較划算

4名大人的旅行、或是2人來回的話，購買高速巴士的回數券（1本4張）相當划算。舉例來說，德島～松山間的車資4300日圓會變成3750日圓，高松～高知間的車資3300日圓則變成2900日圓。

活用市內電車

在市內的移動搭乘市內電車最方便。四國內的高松市（香川縣）、松山市（愛媛縣）、高知市（高知縣）均有電車運行。多為造型可愛的電車，能與當地人直接交流也是箇中樂趣。若要上下車多次，則推薦購買一日周遊券。

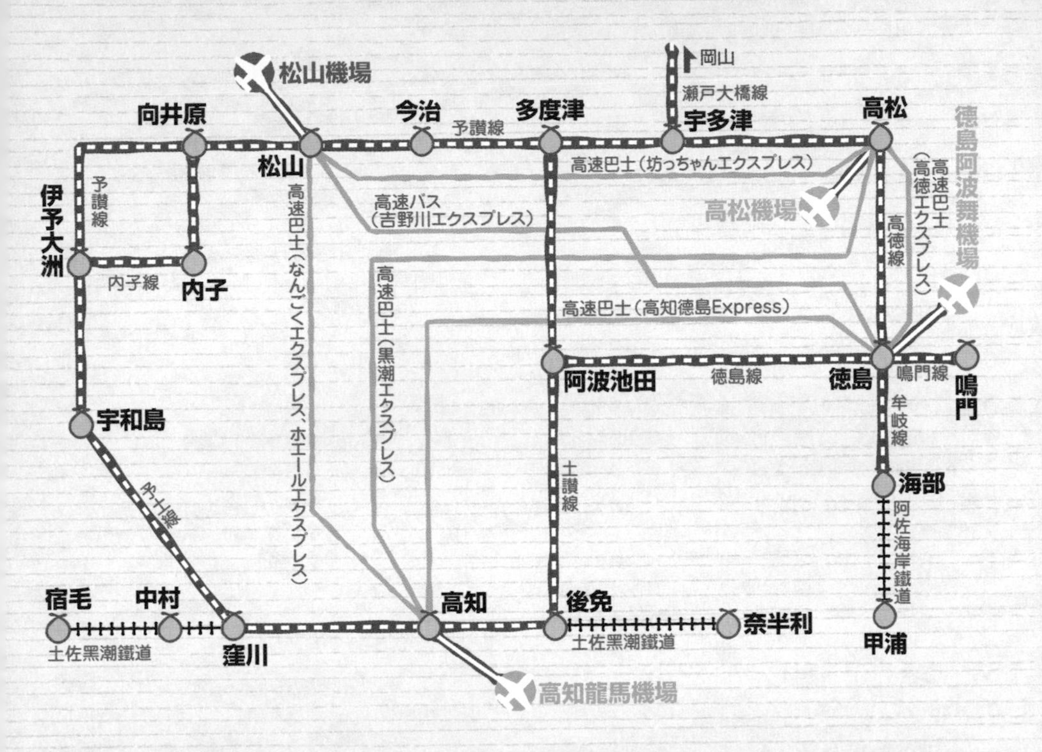

搭乘定期觀光巴士之旅

若想有效率地巡迴各主要觀光地，利用定期觀光巴士也是選項之一。人氣行程最好提早預約為佳。

路線名	出發地點・時間	路線	所需時間・價格	運行時間	預約・詢問處
高知周遊觀光巴士四萬十・足摺號	土佐黑潮鐵道中村站 13:35	中村站➡高瀨沉下橋➡四萬十川屋形船➡Kawarakko・川原➡SUN RIVER四万十物產館➡中村站	**2小時40分 1500日圓**	4~9月的週五～日、假日（4月25日～5月6日、7月18日～8月31日的每天）	高知西南交通 ☎0880-34-6221
德島「祖谷秘境之旅」西祖谷行程	阿波池田BT 10:40	阿波池田BT➡尿尿小童➡（午餐）➡祖谷葛橋➡平家屋敷民俗資料館➡道の駅大歩危➡大步危峽泛舟➡阿波池田BT	**5小時45分 6400日圓**（含午餐費、參觀費）※不含道の駅展示品的參觀費	3月15日～11月30日（5、8、10、11月的每天，3、4、6、7、9月的週六日、假日）	四國交通 ☎0883-72-1231

香川

英文字母

日文假名

一劃～三劃

四劃、五劃

六劃～八劃

九劃～十一劃

十二劃以上

岡山

愛媛

英文字母

日文假名

一劃～三劃

四劃～六劃

七劃～十劃

景 主要景點 R 餐廳 C 咖啡廳 S 商店 H 飯店 溫 溫泉

十一劃以上

高知

數字、英文字母

日文假名

三劃～五劃

六劃～九劃

十劃～十二劃

十三劃以上

德島

英文字母

日文假名

一劃～四劃

五劃～八劃

九劃～十二劃

十三劃

Ⓘ 主要景點 Ⓡ 餐廳 Ⓒ 咖啡廳 Ⓢ 商店 Ⓗ 飯店 ♨ 溫泉

ことりっぷ co-Trip 小伴旅

四國

【co-Trip日本系列 12】

四國小伴旅

作者/MAPPLE 昭文社編輯部
翻譯/許懷文
校對/馬佩瑤
發行人/周元白
製版印刷/長城製版印刷股份有限公司
出版者/人人出版股份有限公司
地址 / 23145新北市新店區寶橋路235巷6弄6號7樓
電話/(02)2918-3366(代表號)
傳真/(02)2914-0000
網址/www.jjp.com.tw
郵政劃撥帳號/
16402311人人出版股份有限公司

經銷商
聯合發行股份有限公司
電話/(02)2917-8022

第一版第一刷/2014年3月
第一版修訂第二刷/2015年2月
定價/新台幣300元

國家圖書館出版品預行編目(CIP)資料

四國小伴旅 / MAPPLE昭文社編輯部作 ;
許懷文翻譯. -- 第一版.
-- 新北市 : 人人, 2014.03
面 ;　公分. -- (co-Trip日本系列 ; 12)
譯自 : 四国
ISBN 978-986-5903-42-8(平裝)

1.旅遊 2.日本四國
731.779　　　102027252

LLM

●本書提供的，是2014年1月的資訊。由於資訊可能有所變更，要利用時請務必先行確認，因日本調高消費稅，各項金額可能有所變更，而且可能會有部分設施標示未稅金額。此外，因為本書中提供的內容而產生糾紛和損失時，本公司礙難賠償，敬請事先理解後使用本書。
●電話號碼提供的都是各設施的詢問電話，因此可能會出現非當地號碼的情況。因此使用衛星導航等設備查詢地圖時，可能會出現和實際不同的位置，敬請注意。
●各種費用部分，入場券部分的標示以大人的票價為基準。
●開館時間、營業時間，以到停止入館的時間之間，或是到最後點餐時間之間為基準。
●不營業的日期，只標示公休日，不包含臨時停業或盂蘭盆節和過年期間的休假。
●住宿費用的標示，是淡季平日2人1房入宿時的1人份費用。但是部分飯店，也可能房間為單位來標示。
●交通標示出來的是主要交通工具的參考所需時間。

●この本に掲載されている地図の作成に当たっては、国土地理院長の承認を得て、同院発行の1万分の1地形図、2万5千分の1地形図、5万分の1地形図、20万分の1地勢図を使用した。(承認番号 平25情使、6-154101号 平25情使、 第7-154101号 平25情使、 第8-154101号 平25情使、 第9-154101号)
●この本に掲載された地図のシェーディング作成にあたっては、「地形モデル作成方法」(特許第2623449号)を使用しました。

※本書系凡有「修訂」二字，表示內容有所修改。「修訂～刷」表示局部性或大幅度修改，「修訂～版」表示全面性改版修訂。